江苏名村

石塘村志

南京市江宁区横溪街道石塘村志编纂委员会
南京市江宁区地方志编纂委员会办公室
江苏省地方志编纂委员会办公室
编著

JIANGSU
FAMOUS VILLAGE

ANNALS
OF
SHITANG VILLAGE

南京出版传媒集团 南京出版社

图书在版编目（CIP）数据

江苏名村 . 石塘村志 / 南京市江宁区横溪街道石塘村志编纂委员会，南京市江宁区地方志编纂委员会办公室，江苏省地方志编纂委员会办公室编著 . -- 南京 : 南京出版社，2023.11

ISBN 978-7-5533-4422-5

Ⅰ . ①江… Ⅱ . ①南… ②南… ③江… Ⅲ . ①村史—南康 Ⅳ . ① K295.35

中国国家版本馆 CIP 数据核字（2023）第 199225 号

书　　名　江苏名村 · 石塘村志
编　　著　南京市江宁区横溪街道石塘村志编纂委员会
　　　　　南京市江宁区地方志编纂委员会办公室
　　　　　江苏省地方志编纂委员会办公室
出版发行　南京出版传媒集团
　　　　　南 京 出 版 社
　　　　　社址：南京市太平门街53号　　邮编：210016
　　　　　网址：http://www.njcbs.cn　　电子信箱：njcbs1988@163.com
　　　　　联系电话：025-83283893、83283864（营销）　025-83112257（编务）

出 版 人　项晓宁
出 品 人　卢海鸣
责任编辑　杨传兵
装帧设计　良在设计
责任印制　杨福彬

排　　版　南京凯德印刷有限公司
印　　刷　南京凯德印刷有限公司
开　　本　787毫米 × 1092毫米　1/16
印　　张　14.25
字　　数　278千
版　　次　2023年11月第1版
印　　次　2023年11月第1次印刷
书　　号　ISBN 978-7-5533-4422-5
定　　价　98.00元

江苏名镇名村志总序

江苏人文荟萃，文化底蕴深厚，享有“方志之乡”的美誉。历代志书不仅数量众多，良志辈出，而且镇村志编修也十分发达。仅明清两代，江苏就有镇村志239种，为全国仅有。党的十八大以来，地方志事业进入新的发展阶段。根据《国务院办公厅关于印发全国地方志事业规划发展纲要（2015—2020）的通知》对镇村志工作提出的新要求，2016年12月，省政府办公厅发文，启动全省名镇名村志编修。这是江苏镇村志编修的新的里程碑。

习近平总书记强调，乡土文化的根不能断。乡镇村庄是中华传统文化的根基，积淀了中华民族灿烂的农耕文明，见证了千百年来社会的发展变迁，寄托无数华夏儿女的乡愁记忆。江苏现有国家级和省级历史文化名城16座、历史文化名镇39个、历史文化名村18个、中国传统村落33个、历史文化街区99处。国家级历史文化名城、名镇和中国历史文化街区的数量均名列各省区首位。在这片肥沃的土地上，江苏人民世代躬耕劳作，留下了数量众多的名镇名村，催生了丰富多彩的乡土文化。有“人家尽枕河”的江南小镇，也有“两面云山一面湖”的淮海胜境；有“水光翻动五湖天”的自然景致，也有“听取蛙声一片”的农家村落。这些名镇名村所蕴含的优秀乡土文化，是中华传统文化的重要组成部分。

党的十九大提出乡村振兴战略。这是美丽乡村建设的关键举措，也是传承发展传统文化的有效途径。截至2018年底，我国常住人口城镇化率达59.58%，江苏达到69.61%。千百年来“暧暧远人村，依依墟里烟”的乡村中国，正在经历着人类历史上规模最大、速度最快的城镇化进程。如何处理好传统与现代、继承与发展的关系，如何把记忆留住、把乡愁留下，是摆在我们面前的一道必答题。江苏以高度的历史责任感，出台保护名镇名村的政策法规，探索保护名镇名村的路径方法，为社会经济发展留下文化根脉，让子孙后代望得见山、看得见水、记得住乡愁，众多名镇名村得到有效保护，不少名镇名村驰名中外，许多有益的探索弥足珍贵。这些可圈可点的江苏经验，是一笔不可多得的宝贵财富。

“直笔著信史，彰善引风气，为当代提供资政辅治之参考，为后世留下堪存堪鉴之记述。”省地方志办公室组织编纂的《江苏名镇名村志》丛书，旨在通过权威的地情资料，以突出“名”“特”的志书表达方式，记录名镇名村的前世今生，展示名镇名村的文化魅力，推介名镇名村的品牌价值，让乡愁记忆有所承载，让家国情怀有所寄托，为乡村振兴战略提供人文关怀，为新型城镇化建设提供历史智慧。

省地方志办公室坚持理念创新，引领工作创新，创造性地以编纂全媒体志书的思路指导江苏名镇名村志丛书的编纂。不仅积极抢救保存传统的村镇文化，更着眼未来，把宣传推介村镇文化、服务乡村振兴战略作为志书的重要使命，让名镇名村志成为当地名片。不仅如实记录名镇名村发展的历史，更适应当代记录手段的多样化，采用时尚图书的做法、按照最美图书的标准，改变以文字记录为主的传统方式，把音视频、图片与文字等量齐观，让读者在有限的时间和空间内获取最大的信息量，使名镇名村志从无声变成有声，从平面成为立体，从静态变为动态，真正为人民群众所喜闻乐见。

“君自故乡来，应知故乡事。”每一部志书，记载的都是一方水土上的人和事，都是一方人民的精神家园。希望大家在打开《江苏名镇名村志》，品读一个个鲜活的乡村故事的时候，努力地去触摸民族精神的灵魂，在深切感受历史文化气息和爱国爱家情怀的过程中，涵养文化自信的根基。

谢润盛

2020年8月

序

横溪街道石塘村位于南京市江宁区西南部边界上，与安徽省马鞍山市濮塘街道山水相连。一道绵延的冈垄，将村庄分为南北两部分，南边叫前石塘村，北边叫后石塘村。2013年，邻近的朱塘、清塘、新生等村与之合并，成立石塘村。

石塘村是传统的自然村落，它的名称就来源于独特的风貌，“因其环山如塘，名曰石塘”。山与水相形而成，刚柔相济，这在处于长江下游相对平坦开阔的江宁大地上，呈现出独特的风貌。人们说，石塘是江南小九寨沟，毋宁说，她更像是微缩的皖南。从宏观地理特征看，皖南的高山深谷，飞瀑激流，延向东南，渐少变化，渐趋平淡。大地似乎不能忘却曾经的深秀奇崛，在这里堆塑出一处具体而微的皖南山村，留下不绝的美与神奇。村落掩映在连绵的群山之中。万亩竹海，四季常青；九龙潭，深邃悠远，似有灵物留驻；梅溪河，清澈见底，鱼儿在日光下纤鳞闪现。还有百年古树与巨石相拥形成的狮背伞，传说天降陨石冲击出的星塘满，无言述说着大自然的幻化之功。

石塘村历史悠久，其名称宋《景定建康志》中已有记载。村中建有古寺，宋治平二年（1605）朝廷赐额明性院。矗立村北最高的山峰是云台山，拱卫滋养着这片土地。云台山清朝初年由地方文人详细描绘记录，载入文集、地方志书。石塘村历代名人履迹时至，题咏屡见，从宋到清，留下诗文二十多篇。

石塘村风景优美，人文深厚。2011年10月28日，江苏省“美好城乡建设行动”启动仪式在石塘举行。江宁区委、区政府将石塘村列为南京都市生态休闲农业示范村，邀请名牌大学知名教授，对村庄进行规划设计。石塘村优美自然的生态环境，丰富的历史文化和民间传说，得到进一步的融合与升华。一个符合“原生态、慢生活、新农村”要求，具有清新典雅江南民居风格，历史文化与自然交相辉映的新型美丽乡村呈现在人们眼前，成为全省特有的乡村旅游典型。石塘村先后荣获“全国魅力新农村十佳乡村”“中国最美村镇典范奖”“全国美丽宜居示范村”“江苏最美乡村”“江苏省生态村”和“江苏省卫生村”等一系列荣誉，并在全国休闲农业旅游发展中起着示范带动作用。

盛世修志，历史上，官方修志只到县一级。今天，我们编纂《石塘村志》，是新时代发展所带来的文化昌明，也是石塘村有史以来的幸运遭逢。《石塘村志》是在省、市、区方志办的指导及大力帮助下完成的。历时6年多，近20万字，我们力求形成一本内容全、质量高、可读性强、雅俗共赏的村志，为子孙后代留下一笔宝贵的精神财富。囿于才学识见，不足之处在所难免，望大家不吝赐教！

中共南京市江宁区横溪街道工委书记　詹　军

南京市江宁区横溪街道办事处主任　李小静

2023年5月

江苏名镇名村志编纂委员会

主　　　　任　谢润盛

常务副主任　左健伟

副　主　任　许善军　牟国义　陈　华　李荣锦　刘大威
朱新华　姚文中

成　　　　员　姜巧玲　张曙峰　艾新建　柯善学　乐　江
姜荣芳　陆瑞萍　周　平　唐　宏　陈永平
凡　浩　张士林　李　军

编委会办公室　雷卫群　徐彩霞　尤　岩　焦寨军　何　磊
余晓辉

《江苏名村·石塘村志》编纂委员会

（2018年5月—2020年5月）

名誉主任　王才权　高正峰　王伟军　周书全　施爱兵
主　　任　郑　涛
副 主 任　潘福林　束姗姗　何志远　卢维生　鲁　华　叶乃俊
委　　员　郑胜平　程　浩　陈　雯　易　俊　汪明国　戴　丽
　　　　　高　鹏　程　涛　陈治平　陈　锦　濮　潇　张新贵

《江苏名村·石塘村志》编纂委员会

（2020年5月—2023年12）

名誉主任　王伟军　周书全　詹　军　李小静　施爱兵
主　　任　曹露璐
副 主 任　程　浩　易　俊　王　成　卢维生　鲁　华　叶乃俊
委　　员　汪明国　陈　雯　戴　丽　杨　尧　鲍梦雪　高　鹏
　　　　　程　涛　陈治平　陈　锦　濮　潇　张新贵

《江苏名村·石塘村志》编纂人员

主　　编　施爱兵
执行主编　虞长来
主　　稿　程　明
编　　务　濮世保　潘全金　丁邦兴　王学琴
摄　　影　毛文轩　王禄宝
业务指导员　郑国军　时觉非　吕晓红　卢维生　程　涛　傅　强　付阿敏　刘迎春
终审单位　南京市地方志编纂委员会办公室
终审人员　刘迎春　杜仁彬　刘扣林
验收单位　江苏名镇名村志编纂委员会办公室
验收人员　雷卫群　徐学鸿　徐　强
批准出版单位　江苏名镇名村志编纂委员会

凡例

一、以马克思列宁主义、毛泽东思想、邓小平理论、“三个代表”重要思想、科学发展观、习近平新时代中国特色社会主义思想为指导，坚持辩证唯物主义和历史唯物主义的立场、观点和方法，客观记述石塘村发展的历史与现状，发挥名镇名村志记录历史，传承文化，服务乡村振兴，激发民众爱国爱乡情怀的独特作用。

二、记述上限，除村镇概览外，一般追溯至事物发端，下限至2019年。详今明古，着重反映时代特色和地方特点，重点体现石塘村的“名”与“特”。

三、记述地域范围以下限年份的石塘村境域为主。

四、2011年，后石塘村改名石塘人家。2013年，组建石塘村。新旧名称的使用与对应时期吻合。

五、“名村名人”篇中，“人物传略”记载已故人物，“人物简介”收录本籍有重要事迹、影响和贡献的在世人物，均按生年排序。“名人履痕”收录有影响客籍人物在本地的活动片段。

六、各项数据采用国家统计部门数据，无统计部门数据的，采用主管部门或主办单位提供的数据。

七、计量单位采用法定计量单位。使用古代计量单位加以注明。

八、时间表述，1912年以前使用朝代年号纪年，括注公元年份，1912年后使用公元纪年。

九、“解放前（后）”，以本地解放日为界。“新中国成立前（后）”，以中华人民共和国成立日1949年10月1日为界。文中凡未注明世纪的年代，均为20世纪。

石塘村在江苏省的位置图

石塘村在江宁区的位置图

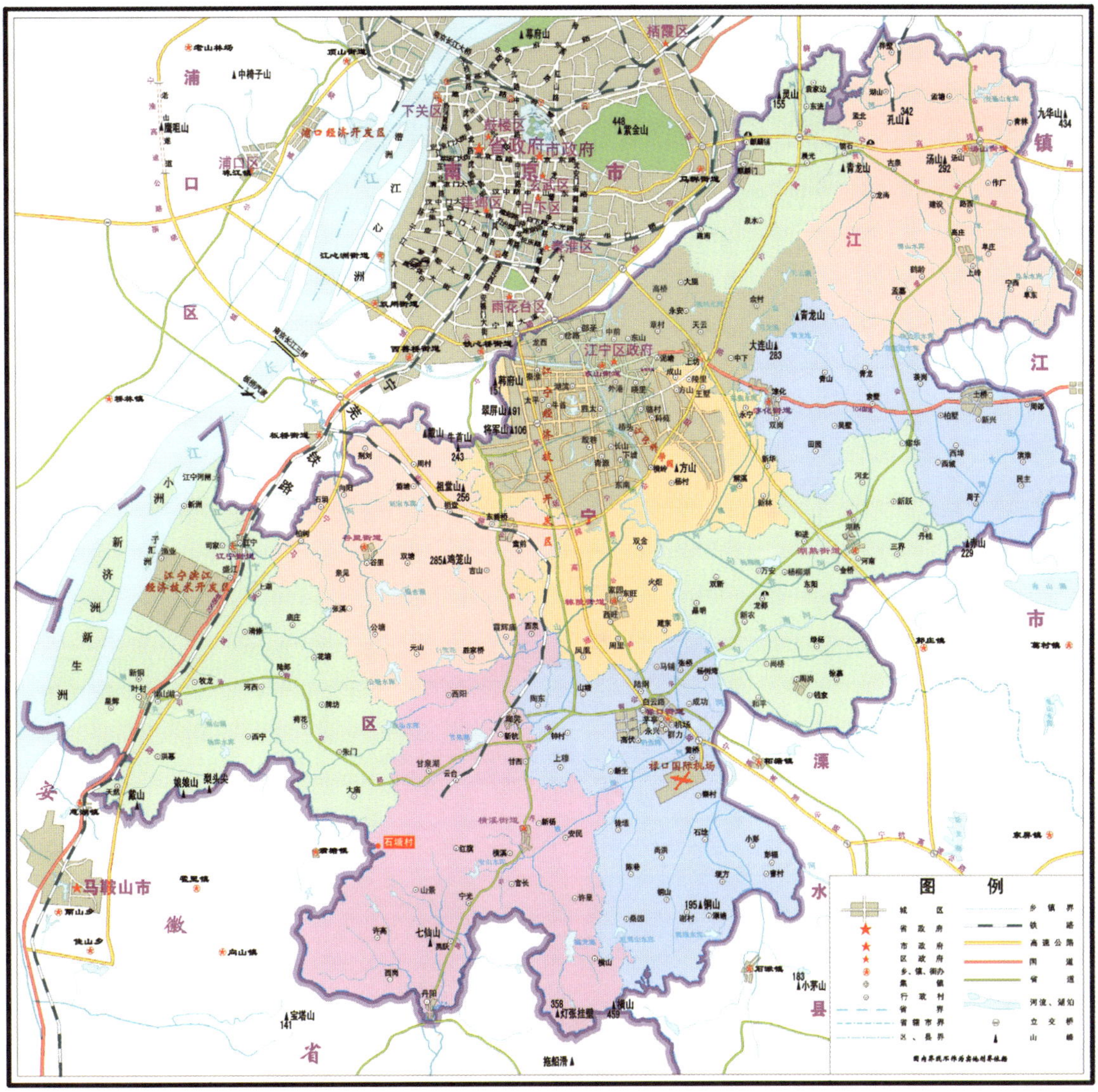

目 录

后石塘梅溪河夜景　石塘村委会/摄

青山云蔚石作塘

石塘村位于南京市江宁区横溪街道，北距南京市区35公里，西距安徽省马鞍山市区10公里，辖前石塘、朱塘、清塘、新生、石塘人家5个自然村、8个村民小组，面积5.93平方公里。2019年末，全村共有居民460户1288人，年人均纯收入52681元。

石塘村得山水之灵秀。村庄被群山环绕，最高峰云台山拱卫在北边，兴云作雨，润泽着这片土地。环绕周围的每道山谷中，都有溪涧清泉，常年流淌。雨水从树梢滴落，顺山谷而下，汇聚成蜿蜒的梅溪河，如玉带缠绕，注入九龙潭，大旱不竭，为村庄提供洁净甘甜的水源。万亩竹海，异常壮观。春之声，夏之荫，秋之气，冬之韵，摇曳出一年四季不同的风景。

石塘村具自然之奇异。一阵轻风或一只飞鸟，将一颗榉树种子播撒在一块狮形巨石的缝隙里，200多年过去了，长成了一棵须几人才能合抱，树冠径达8米的大树。巨石与树相依相生，如伞盖张向高空，村民们相信古树具有神性，能听懂、回应人们的祈愿，恭敬地称它为“狮背伞”。村中有一条坡道，亦称观音坡，长约120米，坡度1.85度，人们无意中发现，这里车往坡上溜，水往高处流，也许只是周围参照物不同所带来的体验偏差，却让人一遍遍来此用车子、矿泉水瓶等试验，惊诧连连，笑语不断。村中有一口池塘，叫星塘满。传说，先民们曾亲眼见到一道红光穿透夜空，地上土石迸射，第二天，村中就多了一口清泉池塘。如果说此为真实，毕竟是传说无从印证。如果说此为无稽，看星塘满四周围埂，曲曲折折，不类人工，且塘中一块石头，黝黑闪亮，与其他地方的石头迥然不同。

石塘村历史悠久。早在宋朝，就有文字记载。经过近千年历史变迁，村庄布局，民居外观，依然保留简朴素雅的江南风格，青砖灰瓦，木雕石刻，古意盎然。村中还留有古井，井栏上深深的绳印，苍苔覆地，满是岁月的痕迹。王氏宗祠，始建于宋朝，名“三槐堂”，堂陛高敞，庭院幽邃，令人追思先祖懿范。清朝末年双科进士、官员、实业家、慈善家魏家骅墓依然完好，古柏苍苍，是村中唯一一处以人名命名的地方，可见村民对贤人君子由衷的敬仰。村史馆里一件件生活用品、农具，述说着村民生活的嬗变。古代地方志记载，有宋朝明性院，皇家赐额，建于村中西里山，吸引着好古敏求的人们，寻找它的旧址。

石塘村遗世独立。清朝光绪年间，莲江诗人姜廷选创作“石塘十景诗”，十处景点分别是：姑山晚照、完市晴岚、云台

梅溪河拦水坝　　石塘村委会/摄

夜钟、阴子晓日、西村桃坞、南庄梅溪、凤岘春阴、神冈月色、环村雪岭、隔岸风篁。村中欲恢复这十景，发现只需稍加整理，辅以说明即可。仿佛百年沧桑，于村庄只是薄薄一页，轻轻翻过，山河依旧，风景故我。人们来这里，又遭逢一处“不知有汉，无论魏晋”，超然于时事变迁之外的世外桃源。

石塘村破茧成蝶。2011年10月28日，江苏省美好城乡建设行动启动仪式在石塘举行。中共江宁区委、区政府借此契机，将后石塘村列为南京都市生态

石塘采景人　石塘村委会／摄

休闲农业示范村。横溪街道党工委、办事处努力整合村庄的历史文化和自然资源，建设石塘生态休闲旅游区，使之成为城乡统筹发展的样板，陆续打造互联网小镇、学生阳光体育营地、田园e站等一批紧扣时代节奏的新项目。

石塘村创业富民，不断提高生产经营组织程度，先后成立农家乐专业合作社、旅游协会等7个合作组织，真正实现“建一个组织，兴一项产业，活一方经济，富一村百姓”，通过土地分红、工资收入、资产分红、人口分红和房屋出租，带领农民共同致富。

2013年以来，石塘村获得“中国魅力新农村十佳乡村”等多项荣誉。2019年，完成竹海景区提档升级，建设前、后石塘农夫集市，朱后路贯通，实现全域风光游览。如今的石塘村，设施齐全、现代，村容整洁，商户诚信文明，成为人们体验新兴野外活动，享受田园生活，感知传统乡村文化的理想目的地。

天之道曰阴与阳，地之道曰柔与刚。相反者，适足以相成。石塘，正如她的名字一样，由石与水造就，水的柔媚和石的坚韧，相互冲撞跌宕，石因水而润泽，而磊落如玉；水因石而洁净，而姿态万千。在这里，质朴与时尚，传统与现代，山水田园与人工巧思，完美地融合在一起。如果人们想暂离城市的喧嚣，改变一下刻板的生活，不妨造访石塘，与青山为伴，看白云悠悠，听流水潺潺。石塘会让人们忘情其中，不知孰为主客，恍然这里就是内心一直寻觅的故乡。

竹海　石塘村委会／摄

村情概览

石塘村位于南京市江宁区西南部边界上，隶属于南京市江宁区横溪街道。地理坐标为北纬31° 44′，东经318° 43′。与安徽省马鞍山市濮塘街道山水相连。北距南京市区35公里，西距安徽省马鞍山市区10公里。村东靠红旗村，南邻山景村，西接濮塘街道黄庄村，北连甘泉湖社区。境内四面环山，竹林密布，风景如画。

宋嘉泰年间（1201—1204），建康府学教授王萃一移居后石塘，而后建设石塘村。至明清，村庄分为南北两部分，南边叫前石塘村，北边叫后石塘村。2013年邻近的朱塘、清塘、新生等村与之合并，成立石塘村。2011年9月被评为全国生态文化村。2013年11月被评为全国最美村镇典范奖、宜居奖。2019年末，石塘村有5个自然村，户籍人口1288人。全年全村社会生产总值7230万元，村集体实现可支配收入1474.58万元。

历史沿革

村名溯源

宋《景定建康志》卷五，绘有一幅“江宁县之图”，石塘村所在位置标注为“石塘山”，位于建业乡、铜山乡之间。《石塘王氏宗谱》清嘉庆五年（1800）陶绍景序记载，“金陵之南疆有山曰云台山，冈峦耸拔，丛簇绵远。南宋时太原裔萃一公卜迁于是山之西麓，曰石塘”。同年张炳序称，“萃公乃筑室定居于此，因其环山如塘，名曰石塘，中界一小垄，前则施氏居焉，别之曰后石塘”。元朝《至正金陵新志》第四卷《疆域志》记载：“横山二乡，县东南百二十里，景定分南北，灵仙里、横水里、岳阳里、大岘里、龙窟里、甘泉里、石塘里。”横山二乡是《景定建康志》中横山南乡、横山北乡的简称，所辖诸里，唯石塘之名一直沿用至今。

《江苏省江宁县地名录》记载：“谱载，明代谓施塘，后因语讹称石塘，并分前后两村，石塘村驻地。”谓石塘村名由明代施塘语音讹误而来，分为前后石塘村。20世纪80年代，前石塘村属横溪乡，为石塘行政村村部所在地，后石塘村属陶吴乡，为甘村行政村辖区内自然村。

发展历史

石塘村所在地区的建置，在历史上经历过一些重大改变和调整，名称也屡经更改，具体沿革情形如下。

周元王时，地本属吴，吴国在溧水建有固城。

周元王五年（前472），始属越，范蠡筑城长干。

周显王三十六年（前333），地属楚，始置金陵邑。

秦始皇二十五年（前222），灭楚，始以金陵为鄣郡，改金陵邑为秣陵县。

西汉高祖时（前206—前195），以丹阳、会稽、豫章三郡封吴王刘濞，秣陵属丹阳郡。

西汉景帝时（前157—前141），徙刘非王吴故地，国号江都，地属江都王国。

西汉元朔二年（前127），刘建袭封江

石塘九里街航拍　　丁海/摄

都王，元狩二年（前121），自杀国除。其后，刘敢封丹阳侯，刘缠封秣陵侯。元封二年（前109），废鄣郡，置丹阳郡，属扬州，统县十七，秣陵为属县。

东汉光武帝时（25—57），丹阳郡治移宛陵（今安徽省宣城市），扬州不改，此地所隶仍旧。

东汉献帝初年，吴侯孙策府在建邺。建安十三年（208），孙权分丹阳郡为新都郡。十六年（211），孙权自京口徙治秣陵。十七年（212），城楚金陵邑地，号石头，改秣陵为建邺。

魏黄初二年（221），置丹阳郡，治所在建业。

吴黄龙元年（229），吴王孙权自武昌迁都建业，即帝位，立郊改元。十月，新建太初宫成，居之，宫址即长沙王故府。

西晋太康元年（280），平吴，废建业，

石塘鸟瞰（一）　　丁海/摄

石塘鸟瞰（二）　　丁海/摄

复为秣陵，分南阳南郡为宣城郡，还治所於秣陵。扬州先分南北，南治建邺属吴，北治寿春属晋，晋既平吴，移寿春之扬州，并治建业，于是扬州之南北合为一统。太康二年（281），扬州刺史治所移秣陵。三年（282），分秦淮北为建邺，南为秣陵，县治仍在秦淮。

东晋义熙九年（413），移秣陵于斗杨柏社之地。

南朝宋永初元年（420），以秣陵故县为零陵王宫。

隋开皇九年（589），平陈，荡平建康城邑宫室，石头城置蒋州，废丹阳郡，并秣陵、建康、同夏三县入江宁。大业（605—618）初，置丹阳郡，有蒋山、江宁、当涂、溧水等县。

唐武德三年（620），以江宁、溧水二县置扬州，析置丹阳、溧阳、安业三县，更江宁曰归化。六年（623），辅公祏反，据其地。七年（624），平辅公祏，更名蒋州，置金陵县。九年（626），更金陵曰白下。唐贞观七年（633），更白下曰江宁县。开元四年（716）二月二十六日，升江宁县为望县。至德二年（757）正月十六日，以润州江宁县置江宁郡。乾元元年（758），改为昇州，置浙江西道节度兼江宁军使，领昇、润、宣、歙、饶、江、苏、常、杭、湖十州，后徙治苏州。上元二年（761），浙江西道观察使徙治宣州，罢领昇州，昇州复为上元县，还润州。宝应元年（762）四月十五日，废昇州。光启三年（887），复以上元、句容、溧水、溧阳四县置昇州。

后唐明宗三年（928）八月，徐知诰广金陵城二十里，且营宫城以备吴主迁都，不果。

五代十国时期，晋天福元年（936），吴主诏齐王徐知诰置百官，以金陵府为西都，知诰改金陵为江宁府，牙城曰宫城，厅堂曰殿，始建太庙、社稷。天福二年（937），即吴天祚三年，杨溥禅位于徐知诰，徐知诰迁据金陵，自此有国江南。徐知诰受吴禅第二年，复姓李氏，更名昪，国号南唐，改元昇元。

宋朝，江宁府属江南东路，为上等州府。宋开宝八年（975），平江南，复为昇州节度。天禧二年（1018），以昇州为江宁府、建康军节度，依旧领江南东路兵马钤辖，治上元、江宁二县。建炎元年（1127），为帅府。三年（1129），复为建康府，统太平、宣、

梅溪河木栈道　石塘村委会/摄

梅溪河　　石塘村委会/摄

徽、广德。五月，高宗即府治建行宫。绍兴八年（1138），置主管行宫留守司公事。三十一年（1161），为行宫留守。乾道三年（1167），兼沿江军，寻省。江宁县为江宁府所属次赤县，石塘属江宁县。

元朝，集庆路属江浙等处行中书省，为上等路。元至元十二年（1275）纳入元朝版图。十四年（1277），升建康路。初立行御史台于扬州，既而徙杭州，又徙江州，又还杭州。二十三年（1286），自杭州徙治建康。天历二年（1329），以文宗潜邸，改建康路为集庆路。江宁县为集庆路所属中等倚郭县，石塘里属江宁县横山二乡。

元至正十六年（1356）七月，朱元璋率师既定金陵，诸将奉他为吴国公，置江南行中书省，治所应天府。明朝，南京为直隶。洪武元年（1368）八月，建南京，罢行中书省，以应天等府直隶中书省，卫所直隶大都督府。十一年（1378）正月，改南京为京师。十三年（1380）正月，罢中书省，以所领直隶六部，改大都督府为五军都督府，以所领直隶中军都督府。永乐元年（1403），仍称南京。江宁县为应天府所属倚郭县，石塘里属江宁县山北乡。

清顺治二年（1645），改明朝南京地区为江南省，设布政使司，置两江总督，辖江南、江西，驻江宁。又设淮扬总督，寻裁撤。十八年（1661），分置扬州府，属安徽，江南左布政使领之。康熙元年（1662），安徽设巡抚。三年（1664），分江北按察使往治。五年（1666），扬州复隶江南。六年（1667），江南省更名江苏省，改左布政使为安徽布政使司，驻江宁，统江宁府。乾隆二十五年（1760），移安徽布政使司安庆，增设江宁布政使司，析江宁、淮安、徐、扬四府，通、海二直隶州属之，与江苏布政使司对治。三十二年（1767），增海门直隶厅，属江宁。光绪三十年（1904），又设江淮巡抚，驻清江浦，寻复故。江宁县为江宁府所属县，特征为“冲、繁、难倚”，石塘属江宁县山北乡。

1912年，孙中山任临时大总统，定南京为国都，废首县，改江宁府为南京府。南北和议成，政府设北京，都督府治所自苏州移治南京。是年12月，军民分治，省行政公署成立。1913年，废府，设江宁县，将上元县并入。1914年5月，设金陵道尹，治所在江宁。7月，都督府改将军行署。1916年7月，将军行署改督军公署，巡按使公署改省长公署。1927年，国民政府遵总理遗志，定南京为首都，并划外郭以内地为南京市，设市政府，直隶国民政府行政院，外郭外地为江宁县，隶江苏省政府。1928年1月，以江苏省立第一造林场紫金山林区及钟山全部区域，划为陵园区，设管理委员会，直隶国民政府。1929年，江苏省政府移治镇江。1932年，定西安为陪都，洛阳为行都，南京仍为首都。民国期间，江宁县先后下设10个区和7个区，石塘先后属第8区和第3区。

1938年5月，中国共产党领导的新四军挺进江宁地区，建立抗日民主政权，石塘村受横山县云台区管辖。

中华人民共和国成立之初，沿用国民政府区划设置。

1950年，实行县、区、乡、村体制，域内属江宁县第三区（后改称陶吴区）。是年，实施大乡化小乡，前石塘（含朱塘、清塘、白家凹）属江宁县第三区云台乡第一行政村，后石塘属江宁县第三区陶西乡第六行政村。

1956年，小乡并大乡，前石塘随云台乡并入横溪乡，后石塘随陶西乡并入陶吴镇（后称陶吴乡）。

1957年，前石塘属横溪乡红旗高级农业生产合作社。1958年，属横溪人民公社红旗生产大队。1961年，前石塘从红旗大队析出，成立石塘大队，辖石塘、和平、朱塘、清塘、新生5个生产小队。1957年，后石塘属陶吴乡红星高级农业生产合作社。1958年，属陶吴人民公社红星大队。1962年，红星大队分为红星、甘村两个大队，后石塘属甘村大队。

1983年10月12日，中共中央、国务院下发《关于实行政社分开，建立乡政府的通知》，实行队改村体制改革。石塘大队改为横溪乡石塘行政村，辖前石塘、朱塘、清塘、新生4个自然村，原辖5个生产小队改为村民小组。后石塘改为陶吴乡甘村行政村后石塘自然村，原辖3个生产小队改为村民小组。2001—2006年，石塘村并入横溪镇红旗村。

2006年3月，横溪镇、丹阳镇、陶吴镇3镇合并，组建新的横溪镇，前石塘行政村及后石塘自然村并入。是年8月，甘村行政村和红星行政村合并，组建甘泉湖社区，后石塘自然村属甘泉湖社区。

2007年12月，横溪镇改设横溪街道，前、后石塘等5个自然村属横溪街道管辖。

2013年3月，前石塘、朱塘、新生、清塘4个自然村从红旗社区划出，后石塘自然村从甘泉湖社区划出，合并组建石塘村，下辖5个自然村，8个村民小组，村委会所在地设在后石塘。

自然村落

前石塘　位于村境西南部，北接后石塘自然村，东临母鸡山，西连朱塘自然村，横

前石塘自然村　　王禄宝/摄

陆路从村南穿过。村内有施氏宗祠。前石塘自然村辖石塘、和平两个村民小组。1961—2001年，该村为石塘大队、石塘村委会驻地。2019年，前石塘自然村有村民95户332人，以陈姓、胡姓居多。有耕地22.58公顷。

朱塘　位于村境西北部，南邻前石塘，北靠莺子山，东接后石塘，西连横陆路。相传村中水塘为野猪拱成的水凼，因名猪塘，后改称朱塘。村中居民大多数于清朝中晚期从安徽、河南移居于此。2019年，朱塘自然村有村民67户171人。有耕地12.14公顷。

清塘　位于村境西部，西与马鞍山市濮塘镇黄庄村隔山相望，南邻“石塘竹海”景区。村因西南一口清澈见底的大塘而得名。村民散住在几个小山丘间。2019年，清塘自然村有村民39户101人，以胡姓、陈姓居多，有耕地7.15公顷。

新生　位于村境西部，南近天台山，东邻清塘自然村。此村1960年从清塘自然村析出，另建生产队，取名新生。1983年改称新生村民小组。2010年，建设旅游大道，大部分村民搬迁。2019年，新生自然村有村民54户164人，以胡姓、陈姓居多。有耕地11.33公顷。

后石塘　位于村境东北部，北倚云台山，与甘泉湖社区渣塘自然村毗邻，南接前石塘自然村，西靠莺子山。后石塘村辖石塘、石东、石西3个村民小组，2013年3月起，该自然村为石塘村民委员会驻地。2019年，后石塘自然村有村民174户454人，以王姓、程姓居多。有耕地38.97公顷。

自然环境

地质地貌

石塘村四面环山，连绵的高山成为村庄的屏障和依靠。冈峦丘垄纵横交错，自然分布出屋舍和田园。云台山矗立北方，是村庄的镇山，固守一方安宁。东南方，公鸡山、母鸡山双峰对峙，中间是天然的溪谷和道路，沟通了村庄和外面的世界。村庄水体源于高山深谷，在山涧、村舍和田野间自然流淌，曲折蜿蜒，水质洁净甘芳。村庄地下水充足，常年喷涌的泉水形成一个个清幽奇秀的深潭。

山体地质构造多为象山群砂岩，土壤多为黄白土和旱黄白土，土层浅。

山丘

云台山　位于村境东北部，山的西面为甘泉湖社区，东面为云台村和红旗村。山势略呈东北西南走向，主峰海拔319.3米。山势高大巍峨，数峰连缀，山谷幽深秀丽，石壁陡

夜合山口　　石塘村委会/摄

雪景石塘　　石塘村委会/摄

峭，古人云，“数十里外望之，秀入云霄”。坡中林木多为马尾松、杉木，山体及地下硫铁矿储藏丰富。旧时主峰有云台古寺，次峰下有泉石胜景，今已不存。1982年，南京云台山硫铁矿在山的西南部建设尾矿坝。境内梅溪河发源于此。

夜合山　位于村境东南部，由公鸡山、母鸡山组合而成。该山东南面靠红旗村、山景村，主峰海拔180.1米。南峰公鸡山与天台山连接，北峰母鸡山与云台山连接，南北两峰对峙，如两鸡起舞，中间形成宽约200米的山谷，名龙牧亭子口子，是村内通向域外的主要道路。傍晚时分，谷口常常云封雾锁，故名夜合山。

天台山　位于前石塘自然村南端，海拔261米，东西走向，其山顶呈平台状，旧时有天台寺立其巅，故名天台山。北面山腰有古庙衲头庵。

火地山　位于前石塘西部，西与陆郎交界，东北连莺子山，山体呈西北开口的弧形，主峰偏南，海拔197米。因其山谷夏日炎蒸酷热，人称火地，故名。

莺子山　位于村境西北部，与朱门交界。主峰海拔269米。该山北坡属朱门，称朱门山。莺子山又名阴子山，朱塘、后石塘自然村紧偎在山脚下。

河流

梅溪河　发源村北尾矿坝，村民称淤沙坝，流经后石塘东南部，沿云台山、母鸡山脚下，入龙牧亭子大坝，后流入丹阳河，全长3公里。

石塘大坝　位于村境西南部，发源于九龙潭水库和青草堰水库。上段称撇洪沟，向东经清塘自然村、新生自然村入张有财坝，后向南流入前石塘大坝，再向南流入龙牧亭子大坝，入丹阳河。此坝全长3公里，水面宽阔。2011年清淤整治，改善了水质，美化了景观。

气候

石塘地处亚热带季风气候区，季风显著，气候温和湿润，雨量充沛，冬夏季较长，春秋季短，无霜期长，冬夏温差大。

季节　春季约63天（3月24日至5月25日），日均气温约15℃，月均气温3月8.8℃、4月15.3℃、5月20.7℃。夏季约116天（5月26日至9月18日），日均气温约26.7℃，月均气温6月24.6℃、7月27.9℃、8月27.5℃。平均最高气温≥35℃的天数13.2天，夏季高温常与伏旱相伴。秋季约63天（9月19日至11月20日）。日均气温约17.2℃，月均气温9月23℃、10月17.6℃、11月11.1℃，秋季会出现短暂高温天气，也会出现连阴雨。冬季约123天（11月21日至次年3月23日），冬季日均气温约4.1℃，月均气温12月5.2℃、1月2.8℃、2月4.4℃。最低气温≤0℃的天数38.7天。初雪日一般在12月中旬，终雪日一般在3月上旬。冬季平均下雪天数9.9天。

日照　域内一年中晴天占41.1%，约150天。阴天占19.1%，约70天。雨天占32.3%，约118天。雾天18天。日照时间随季节变化显著，夏季平均每天日照时长约14小时，冬季平均每天日照时长约10小时。据1971—2000年30年间监测，年均日照时数2017.3小时。8月份全年日照时数最多，215.3小时。2月份最少，126.7小时。四季之中，夏季日照时数最多，594.3小时，约占全年的三分之一。冬季最少，415.5小时，约占全年的五分之一。

降水　年平均降水量1072.9毫米，全年降水期相对集中，夏季最多，降水日44.54天，降水量占全年45%。春季降水日23.31天，降水量占全年25%。秋季降水日17.01天，降水量占全年19%。冬季降水日32.47天，降水量占全年11%。

霜期　年平均无霜期224天。年平均初霜日11月9日，终霜日3月29日。

自然资源

矿产资源　石塘村位于宁芜中生代陆相火山盆地北端，是矿藏较丰富的地域，村境及周边地区富含化工原料、非金属硫黄矿、非金属石英砂岩、安山岩等，还含有铜、铁等金属矿产。

石塘村矿产资源一览表

表1

矿产名称	地理位置
土山头锌铁矿	村西南土山头
莺子山铜矿	村北莺子山
云台山硫铁矿	村东北云台山
母鸡山硫铁矿	村南母鸡山
天台山硫铁矿	村西南天台山
云台山前石塘硫铁矿	村中前石塘南
云台山褐铁矿	村东及云台山北坡

后石塘鸟瞰　　石塘村委会/摄

森林资源　境内多山，气候温和，雨量充沛，适宜林木生长。主要品种有树木类和竹类。树木类主要有杉木、水杉、黑松、马尾松、雪松等。竹类有楠竹（毛竹）、慈竹、小箭竹、箬叶竹、紫竹、斑竹、水竹和早园竹等。

自然灾害

自然灾害主要有气象灾害和农作物病虫害。影响该村的气象灾害有低温冷害、连阴雨、洪涝、干旱和强对流天气。农作物病虫害随时代变化，发生较频繁，为害严重。若气象灾害和农作物病虫害相伴发生，则后果更加严重。

低温冷害　春秋季节北方冷空气频繁南下，造成大幅降温和持续低温天气。24小时气温下降10℃或48小时下降12℃，最低温度在5℃以下的现象，在近30年间，年均3.7次。低温对农作物生长影响较大，初春寒潮严重危害越冬作物，甘蓝型油菜、早熟大元麦受害尤其严重。1998年3月20、21日，降雪伴冻雨，气温降至零下5℃，抽薹开花的油菜和早发的茶叶受冻，导致减产减收。秋季低温冷害，对瓜后稻灌浆结实影响很大。境内约三年出现一次10月降白霜天气，白霜会导致秋季作物大面积枯黄。

连阴雨　连续降雨5天以上为连阴雨天气，此类天气年均出现约2.2次，6月中旬易出现连阴雨。1971年夏，连阴雨造成生产队“烂麦场”，损失最为严重。秋季连阴雨，出现在9至11月间，1985年10月10日至31日连续降雨，严重影响秋收秋种。

洪涝　长期阴雨积水加上短期连续强降水会形成洪涝灾害。境内为山区，山洪危害很大。1954年5月、1962年6月16日、1969年7月、1983年6月18日、1991年6月8日的特大降雨，导致境内山洪暴发，冲垮塘、坝埂，冲毁秧田、稻田。

干旱　境内为山区，干旱尤为突出。每年6月以后，连续30天以上降雨小于30毫米为夏旱，约三年一遇。9至11月，连续30天以上降水小于10毫米为秋旱，约三年两遇。1958年5至7月夏旱，降水量小，为常年同期的五分之一，稻苗干枯，饮用水困难。1978年特大干旱，春、夏、秋连旱，加上持续高温，境内塘、坝、水库全部干涸，山上马尾松、新竹、茶叶幼苗枯死，陶吴、横溪两公社从秦淮河提引长江水，解决村民的灌溉和饮用水问题。

强对流天气　冰雹、龙卷风、雷暴、雷雨大风等强对流天气经常相伴发生，造成灾害。6至8月是强对流天气频发期，一般发生在14至18时，会引发庄稼倒伏、电线折断、房屋倒塌等严重后果。1956年至2019年，境内发生10多次强对流天气灾害。

病虫害　农作物病虫害连年发生。1970年，境内稻飞虱泛滥，单季晚稻受害严重，大面积水稻枯黄倒伏，有的田块颗粒无收，平均减产三分之一。1977、1978年发生严重的杂交稻白叶枯病，受灾面积达40%。1980年，双季稻抽穗，发生穗茎瘟病，减产严重。1983年，小麦暴发赤雷病，发病麦株30%，减产3至4成，个别田块减产一半。

人口土地

人口总量

2013年石塘村建村。是年，全村总人口1153人，人口密度每平方公里194.4人，人口出生率5.2‰，自然增长率2.6‰。2019年12月底，总户数460户，户籍总人口1288人，人口密度每平方公里217.2人。

人口构成

民族　改革开放前，石塘村人口均为汉族。自20世纪80年代起，人口流动性增强，村内部分村民娶云南、四川等地少数民族妇女为妻，自此石塘村出现少数民族人口。2019年底，村内有布依族、苗族、彝族、壮族等少数民族人口共12人，前石塘村有布依族1人、苗族4人，新生组有苗族1人、布依族1人，清塘组有苗族2人，朱塘组有彝族1人，后石塘组有壮族2人。

性别　2013年，全村人口1153人，其中男性550人，女性603人，男女性别比为91.21∶100。2019年全村人口1288人，其中男性634人，女性654人，男女性别比为96.94∶100。

年龄　2013年，石塘村人口中0—9岁53人，10—19岁75人，20—29岁117人，30—39岁186人，40—49岁211人，50—59岁208人，60—69岁154人，70—79岁98人，80—89岁47人，90—99岁4人。2019年，石塘村人口中0—9岁104人，10—19岁84人，20—29岁131人，30—39岁197人，40—49岁224人，50—59岁221人，60—69岁160人，70—79岁110人，80—89岁52人，90—99岁5人。

2019年，石塘村60岁以上人口327人，占总人口25.39%，人口日趋老龄化。70岁以上人口167人，占总人口12.97%。

根据2016至2018年3年死亡人口统计，石塘村人均寿命81岁。

文化程度　中华人民共和国成立之前及成立之初，村民文化程度很低，成人文盲率95%以上。中华人民共和国政府重视提高农民文化水平，开办冬学扫盲班，提高农民识字程度。1990年普及义务教育后，初、高中学历人数大幅增加。21世纪后，大学文化程度的比例逐年提高。

2019年底，石塘村学龄前儿童43人，占总人口3.34%；文盲半文盲320人，占24.84%；小学文化程度220人，占17.08%；初中文化程度326人，占25.31%；高中学历262人，占20.34%；中等专业学历82人，占6.37%；大学学历36人，占2.80%。

土地面积

石塘村土地总面积5.93平方公里，593公顷。至2019年底，村庄用地79.6公顷，道路建设用地33公顷，林地290公顷，园地37公顷，茶园30公顷，水域22公顷，耕地101.4公顷。人均土地0.46公顷，人均耕地0.08公顷。

2019 年石塘村 90 岁以上老人一览表

表 2

姓　名	性　别	出生年月	地　址
华秀英	女	1929 年 8 月	朱　塘
张兰英	女	1929 年 2 月	后石塘
夏爱珍	女	1926 年 6 月	后石塘
陈梅芸	女	1926 年 2 月	前石塘
科秀英	女	1925 年 2 月	朱　塘

村民生活

收入

中华人民共和国成立前，村民主要种植水稻、小麦，秋冬季节上山砍柴售卖，收入微薄。中华人民共和国成立后，实行土地改革和农业合作化，集体经济得到发展，村民收入逐步提高。十一届三中全会后，农村实行家庭联产承包责任制，调动了农民生产经营的自主性、积极性，解除了对农民的种种束缚，村民收入渠道多元化。20世纪末，村民年人均可支配收入达到4000元，温饱问题得以解决。2000年以后，境内开始打造生态休闲旅游示范村，村内组建农家乐合作社，并为村民提供财产性收入、转移性收入、保障性收入等，拓展增收渠道，村民收入增长较快。2013年，村民年人均可支配收入20156元。2019年，村民年人均可支配收入52681元，比当年江苏省人均可支配收入多11281元。

支出

中华人民共和国成立前，石塘村形成了典型的江南苏皖乡村格局，建有土地庙。前、后石塘村有施氏、王氏宗祠，有云台寺，有家庙衲头庵，后石塘村建有贯穿南北的神道，有些富裕的村民还建有前后数进、有影壁、天井的大宅。但总体上生活水平较低，大多数村民住的是土墙草房，穿戴衣物质地粗劣，价格低廉，食物品种单一，缺乏营养，遇上荒年，食不果腹。中华人民共和国成立后，村民消费水平提高，吃穿住行大为改善，吃讲究营养，穿讲究时尚，住讲究宽敞，行讲究安全、舒适、快捷。

食物结构不再囿于单一谷物。2018年，人均粮食消费量占总食物量42%、瓜果蔬菜占42%、肉类占9%、奶和奶制品占2%、动植油占2%、酒类占3%。

20世纪80年代中后期到21世纪初，境内经历两次建房热潮。第一次是80年代中后期，村民开始将土墙草房全部翻建砖木结构、砖混结构的瓦房或楼房。第二次为2000年前后，村内平房绝大部分改建为乡间别墅，布局合理，功能齐全，增设卫生间和附属设施，装潢考究，注重庭院绿化。2019年末，全村人均住房面积70平方米。

消费耐用品方面，2019年末，全村每百户拥有彩电204台、移动电话290部、家用空调203台、家用电脑103台、家用汽车79辆。

2019年，全村人均生活消费支出22596元，其中，食品烟酒消费占总消费的28.1%、衣着占7.6%、居住占22.5%、生活及用品服务占5.2%、交通通信占11.2%、教育文化娱乐15.2%、医疗保健占5.7%、其他商品和服务占4.5%。

社会保障

新型农村合作医疗保险　2003年起，石塘村实行新型农村合作医疗保险制度，政府投入逐年增多，群众受益增加。2007年，筹资标准190元，个人缴纳40元，各级补助150元。2016年，筹资标准880元，个人缴纳230元，各级补助650元。2017年，筹资标准980元，个人缴纳260元，各级补助720元。2018年，筹资标准1110元，个人缴纳310元，各级补助800元。2018年，全村参加合作医疗保险897人，参保率100%，年末累计报销合作医疗保险金额32.5万元。2019年，参加合作医疗保险724人，参保率100%。筹资标准1650元，个人交纳480元，各级补助1170元。

农村社会养老保险　2007年起，境内实行新型农村社会养老保险制度。农村社会养老保险包括农村社会养老保险和农村老年居民养老补贴。2007年10月，男满60周岁，女满55周岁的村民，每月领取老年生活补助费。2018年，全村共有319人享受老年生活补贴，每人每月400元。2019年，18周岁以上，60周岁以下的男性村民，18周岁以上，55周岁以下的女性村民，除已参加其他养老保险者外，共539人，均参加农村社会养老保险，参保率100%。村集体为参保人员每人补助1000元，共补助了53.9万元。是年底，村内到龄已领取农村社会养老保险金和其他劳动保险退休金的人数289人，全年领取金额144.74万元。

最低生活保障　2019年，境内享受农村居民最低生活保障4户9人，每月最低生活保障金7200元，人均800元。6名特困村民由集体供养。

职业技能培训　2012年，成立农家乐

协会，邀请专业人员进行服务理念、服务技能、餐饮卫生与食品安全等培训。同年，成立梅溪物业管理公司，统筹安排剩余劳动力就业，建立一户一档、逐户分类制度，对每户作创业指导、技能培训。至2019年底，共培训农家乐经营人员150人次，家庭创业人员272人次。

扩大就业　2012年，组建农家乐合作社，将村民房屋装修改造，统一经营。成立餐饮协会，规划业态分布，统一经营管理，为村民提供上百个就业岗位。

2018年，成立村民富余房屋资产合作社，统筹规划安排村民房屋。涉及房屋5处，9户村民。3处房屋建成“暖阳居”养老空间，吸引城市老年人到此长期居住养老。2处房屋对外出租，安排村民就业，每年增加村民收入约10万元。成立“南京市学生阳光体育营地”物业公司，安排剩余劳动力就业，共安排劳动力40人，其中就业困难人员20人。

扶贫帮困　2015年，全村有符合国家标准贫困户22户，其中有劳动力的16户、无劳动力的6户。对照精准脱贫的要求，村党总支、村委会强化领导责任，村总支书记郑涛任脱贫领导小组组长，村主任潘福林任第一副组长，村总支副书记何志远任副组长，另有5名成员。领导小组将脱贫任务分解到户、责任到人，采取一村一策，一户一法的精准扶贫措施，将村内保洁、清运、物业等工作分配给有劳动力的贫困户，保证其工资性收入。村干部对6个无劳动力贫困户实行一对一帮扶。田园e站以经营分红形式，扶持22户贫困户。村党总支、村委会还动员爱心企业进行帮扶，如与中国中财国际工程股份有限公司签订“精准扶贫，村企结对帮扶”协议书，确保贫困户达到以下脱贫要求：完成危房改造，符合条件的纳入低保，参加农村合作医疗，完成子女义务教育，考上大中专学校的完成学业，参加劳动力免费培训，学会一两门种植业技术或手工工艺。2015年，石塘村成立慈善互助社和爱心公益银行，组织党员、干部及游客捐款，帮助弱势群体。是年，为生活困难村民捐助部分医疗费。2017年，全村困难补助42人，金额3.2万余元。是年底，村内22户贫困户基本达到脱贫标准。2018年末，贫困户全部脱贫。

敬老尊老　2013年起，石塘村设立专项资金，为60周岁以上男性村民、55周岁以上的女性村民，每月发放80—120元生活费。2019年，为337名老年人发放生活费32.35万元。2013年起，村委会每年发放60周岁以上老党员慰问费，每人800元。2017年，设立特困老人专项救助费。2013年起，村里为60周岁以上男性村民、55周岁以上女性村民免费体检。2019年，共为208名老人进行体检。

助残助学　2019年，石塘村有残疾人15人，8人每月享受810元生活补贴，2人486元，2人405元，1人324元，2人202.5元。另有9人享受每人每月130元的护理补贴。

2013年起，石塘村为幼儿园学童每年每人提供300元交通费，为“三好”学生每人发100元奖励，考取本科的学生每人发2000元奖励，考取研究生的学生每人发3000元奖励。2017—2018年，补助贫困学生1.5万余元。2019年，补助贫困学生10人，金额1万元。

石塘村开展村民普法教育　石塘村委会/摄

村级组织

横溪石塘

1950年，境内分设两个行政村，即云台乡第一行政村和陶西乡第六行政村。1957年，前石塘属红旗高级社，后石塘属红星高级社。1961年，前石塘单独设立生产大队，建立党支部。2013年，中共石塘村总支委员会、石塘村村民委员会成立。

村级中国共产党组织

1961年，前石塘（含朱塘、清塘、新生）成立横溪人民公社石塘生产大队，建立中国共产党石塘大队支部委员会，胡正春、潘传喜、施永友先后任党支部书记。1983年，实

2018年12月26日，石塘村党总支开展党日活动　　石塘村委会/摄

行队改村体制改革，撤销生产大队，设立行政村，建立村党支部，施永友、林海先后任支部书记。2001年，石塘村并入红旗村，石塘村党支部撤销。

2013年3月28日，中国共产党石塘村总支委员会成立，郑涛担任总支部书记，曹露璐、陈根生为副书记。5月，增补何志远为副书记。6月，曹露璐离任，束珊珊、潘福林任副书记。

石塘村总支部有57名党员，下辖夜合山农场、石塘人家农家乐专业合作社、电商网络3个支部。

2016年9月24日，石塘村中国共产党总支委员会换届选举，郑涛当选总支部书记，束珊珊、何志远当选副书记，潘福林、陈雯、汪明国、戴丽为委员。

1986年3月至1996年12月，后石塘村人程学保任中共甘村行政村支部书记，其时后石塘自然村属甘村行政村。

村级行政组织

1950—1955年，前石塘、后石塘分别建立行政村，设村长，前石塘村村长为刘金元，后石塘村村长为林绍发。

1956年，两村均开办初级社，设社长、副社长。前石塘初级社社长为石和刁，副社长元家祥；后石塘初级社长为林绍发，副社长程正恒。

1961年至1968年3月，前石塘成立石塘大队管理委员会（简称“管委会”）。1968年3月至1983年3月，石塘大队管理委员会改称石塘大队革命委员会（简称“革委会”）。管委会设大队长、副大队长，革委会设主任、副主任，下设会计、妇女主任、民兵营长等职位。在此期间，先后任大队长、主任的有陈国宝、郑凤意、张泽海、施孝银、胡德华。任副大队长、副主任的有郑凤义、张泽海、元永宝。任会计的有鲁永长、潘加才、施孝银、陈宝林。任妇女主任的有孙桂英、钟义兰。任民兵营长的有徐大盛、陈州财、施永友、林海。任团支部书记的有潘加财、施永友、郑凤义、林海。1983年3月，实行队改村体制改革，成立石塘村民委员会（简称“村委会”），先后任职的有村委会主任林海、胡德华，会计阮兴根，妇女主任钟义兰、吴其芳，民兵营长、团支书潘伟，农技员郑凤仁。2001年3月，石塘村与红旗村合并，石塘村委会撤销。

2013年3月28日，江宁区人民政府批准成立石塘村村民委员会。村委会由主任、副主任、委员组成。是年11月16日，石塘村举行第一次村民委员会选举，选举潘福林为石塘村村民委员会主任，郑胜平、何志远为副主任，易俊、陈雯、汪明国为委员。2016年11月6日，石塘村举行村民委员会换届选举，选举潘福林为村民委员会主任，郑胜平、程浩为副主任，陈雯、易俊为委员。

另外还有石塘村村民在邻近相关村级行政组织任职。2001—2003年，前石塘人林海任红旗村村委会主任。1982—2006年，后石塘人程学保、王宜孝先后任甘村村委会主任，程学义任副主任。

2 乡村建设

在建设社会主义现代化新农村的过程中，村集体投入大量资金，改善基础设施建设，大力整治环境，改善村民村居条件，逐步建成交通便捷、环境优美的旅游区。2008年，前石塘村进行规划整治，打造徽派建筑民居。2011年以后，后石塘进行苏派民居风格规划改造，打造成旅游休养特色乡村“石塘人家”。2011年9月，列入江宁区5个都市生态休闲农业示范村之一。

海晏河清 朗朗乾坤

经济发展

中华人民共和国成立以前，石塘村经济主要是单一农业生产，处于自给半自给状态，极少有商品交换。中华人民共和国成立初期，境内以家庭农业经济为主。1957年，成立高级农业生产合作社，1958年9月，成立人民公社，村域经济开始由家庭农业经济过渡到集体农业经济，农业生产率有所提高，但地偏人稀，经济发展缓慢。60年代后期，境内利用山地多的有利条件，开展植树造林，发展林业经济。1982年，实行家庭联产承包责任制，农副业得到发展，粮食产量大幅提高，茶叶生产逐渐形成规模，创出品牌。2007年起，石塘村民开发和利用旅游资源，发展旅游服务业，开办农家乐餐厅和乡村客栈民宿，村民家庭经济收入快速增长，走上致富道路。2013年，全村社会生产总值3768万元，其中商旅服务业550万元。2019年，全村社会生产总值7230万元，其中商旅服务业2451万元，分别比2013年增长91.88%和345.64%。

农业

石塘村农业生产历史悠久，但生产方式落后。中华人民共和国成立初期，境内主要种植“三麦”、水稻等农作物，产量不高。实行人民公社化后，坚持“以粮为纲”方针，粮食产量有所提高，“三麦”平均亩产150公斤，水稻平均亩产300公斤。1982年，实行家庭联产承包责任制，调动农民生产积极性，加上耕作技术改进和粮食品种改良，生产得到发展，粮食产量大幅提高。2019年，全村粮食亩产577公斤，总产量353吨。

另外，全村大力发展多种经济作物种植。2019年，油料种植面积14.2公顷，亩产150公斤，总产量32吨。棉花种植面积1.33公顷，亩产100公斤，总产量2吨。甘蔗种植面积0.2公顷，亩产4200公斤，总产量21吨。蔬菜种植面积47.53公顷，总产量1377吨。瓜果类种植面积8.13公顷，总产量263吨。

竹海幽静　戴典金／摄

竹海秘境　　石塘村委会/摄

石塘茶园　　石塘村委会/摄

林业

植树造林　中华人民共和国成立前，石塘境内多为荒山，山上只有极少数松杂木。中华人民共和国成立后，政府采取“民造公助”措施，鼓励群众植树造林。石塘村贯彻“普遍护林，重点造林”和“先绿后好”的方针，开展绿化造林工作。1960年，从各生产队抽调人员专门从事绿化造林，栽种的品种有毛竹、杉木、栗树、黑松、马尾松等。1966年，村里争取到江苏省专项支持资金和省供销社投资，利用冬春农闲季节，组织全体社员上山植树造林、抚育幼林、清理管护毛竹园。到70年代末，基本完成境内山体绿化造林工作，林木面积290公顷。“石塘竹海”形成规模，年可间伐毛竹4万公斤。1996年，石塘村从浙江引进早园竹7200株，分配给15户村民种植，种植面积约8公顷，使村民和游客一年四季可吃到鲜嫩的竹笋。

茶叶生产　20世纪70年代，石塘村开始种植茶叶，茶叶品种普通，技术落后，没有形成规模和品牌。1990年，石塘村开辟无性茶园2公顷，无性茶上市早，效益高。1991年，开辟野茶种植基地3.3公顷。1994年，无性茶叶繁殖10万株。农户成立九龙潭茶叶专业合作社，改良品种，统一品牌，提升制茶技术。1998年起，石塘村生产的“夜合山”牌碧螺春茶、雨花茶先后7次被南京市农委评为金奖。2019年，村集体种植茶园30公顷，村民自种茶园30公顷，年产茶叶2500公斤，销售收入500万元，人均增收4000余元。

夜合山农场　1960年，江宁县在石塘境内成立夜合山农牧场，开展绿化造林工作。1966年，石塘大队在衲头庵盖房建立林业队，负责林业生产、养护和竹制品制作销售。1993年，在原有茶园面积20余公顷基础上，又和石塘村村民236户签约收购面积66.67余公顷茶园，成立夜合山农场。2019年，农场有员工30人，厂房面积2000平方米，办公用房面积1000余平方米，数十台炒茶、制茶设备。农场聘请业界著名专业人士为顾问，并与江苏多个茶叶科研机构合作，开展种植、加工、深度开发。年产“夜合山”牌高档碧螺春、雨花茶2000余公斤、普通茶叶3000余公斤。年均产值1500余万元，利润300余万元。夜合山农场经过长期规范管理，所产茶叶获得有机茶认证。多次获得名优茶评比金奖、银奖、特别奖，江苏省多家媒体实地采访、宣传报道。

游人选购商品　　石塘村委会/摄

外国游客游览石塘　　石塘村委会/摄

旅游服务业

2008年5月，苏州科赛集团与横溪街道、南京报业传媒集团合作，共同开发石塘旅游业，打造“石塘竹海”景区。2009年5月，前石塘旅游示范村建成，农家乐餐厅、乡村客栈民宿等业态兴起，发展迅速。2012年4月，成立南京市石塘人家农家乐专业合作社。2019年底，石塘村有乡村客栈民宿25家、农家乐餐厅109家、各类特色商铺14家，主要分布在石塘人家、前石塘、朱塘等自然村，带动创业160余户，从业人员1045人，全年接待游客150万人次，旅游服务营业收入2451万元，占全村社会生产总值的33.9%，是2013年的4.4倍。

基础设施

道路

石塘地处山区，20世纪70年代前，境内不通公路，村民外出靠步行，货物运输靠人力。1970年，建成1条石子公路。2007年，村内发展旅游经济，加快道路建设，形成“两横两纵”对外交通格局，对外连接省道、县道。内部道路形成网络化，村村通、户户通。2019年，辖区内5个自然村，修建了户户通水泥路，总面积2.6万平方米。

S340省道　自溧水与句容交界的窑郎头村至皖S349马濮线省道，宽26米，双向4车道，云台山路段设计时速80公里。境内路段2014年9月建设，2017年12月建成。南自老坝口，北至青草堰水库，越火地山至安徽濮塘，全长3公里，老坝口到备战桥，与横陆路共线。

横陆路　是县级公路，原名江横路，自江宁镇经陆郎、朱门到横溪，全长28.2公里。此路几经变迁。早期，从江宁镇到朱门大庙（又名破马蜂窝）。1970年续修，自破马蜂窝至石塘，向东延伸，经红旗村至横溪集镇，交会于宁丹线，路宽3至4米，石子路面。2002年，自横溪至陆郎大庙山，浇筑4米宽的水泥路面，连接横溪集镇和陆郎集镇，改名横陆路。横陆路自老坝口至火地山口一段穿越境内，长2.5公里，此段路曾是石塘村通向外界唯一道路。2017年，横陆路部分路段与S340省道交会重叠。

旅游大道　自甘泉湖社区渣塘，接汤铜公路，沿云台山北麓，经老坝北端，向西南至石塘竹海九龙潭，沥青路面，宽12米，境内全长4.7公里。2008年9月建设，2010年5月建成。

石塘路　自石塘人家景区入口至石塘村村部，为外界进入石塘村内的主要道路，故名石塘路，沥青路面，宽6米，长2公里，2011年11月建成。

雪岭路　自环山路至石塘路，沥青路面，宽5米，长1公里，2011年11月建成。

石狮路　自雪岭路口至王氏宗祠，王氏宗祠边有一巨石，形似狮子，故名。沥青路面，宽5米，长1公里，2011年11月建成。

神冈路　自石狮路至石塘路口。沥青路

前石塘村徽派建筑　　石塘村委会/摄

面，宽5米，长0.5公里，2011年11月建成。

桃坞路　连接石狮路和神冈路。沥青路面，宽5米，长0.5公里，2011年11月建成。

古井路　自王氏古井至时氏古井。沥青路面，宽5米，长0.5公里，2011年11月建成。

高台路　自南京市学生阳光体育营地步行道入口处至王氏古井。沥青路面，宽5米，长1公里，2011年11月建成。

古祠巷路　自村史馆至王氏宗祠。沥青路面，宽5米，长0.5公里，2011年11月建成。

摩托车道　自石塘村服务中心至前石塘村口。沥青路面，宽3米，长2公里，2013年1月建成。

朱塘路　自横陆路战备桥至朱塘自然村。沥青路面，宽6米，长2公里，2016年6月建成。

拉练步道　自尾矿坝景区入口至石塘村服务中心。沥青路面，宽4.5米，长4公里，2016年6月建成。

朱后路　自朱塘自然村北至后石塘。沥青路面，宽6米，长2公里，2018年底建成。

桥梁

备战桥　位于横陆路上，朱塘村边，双孔平板桥，钢筋混凝土结构。桥长15米，净跨度8米，宽8米，设计载重量40吨。1970年建成。

过水平板桥　位于前石塘村滚水坝上，3孔平板桥，水泥预制结构。桥长20米，净跨度10米，宽4米，为人行桥。2007年建成。

九龙桥　位于九龙湖边，拱桥，钢筋混凝土结构，桥两侧有护栏。桥长6米，净跨度4米，宽2.5米。2009年5月建成。

胜家桥　位于新生组，单孔拱桥，水泥桥面。桥长10米，净跨度4.5米，宽5米。2009年5月建成。

江当桥　位于新生组，单孔平板桥，水泥桥面。桥长15米，净跨度4米，宽7米。2009年5月建成。

大中山桥　位于科赛地产公司地块，单孔拱桥，钢筋混凝土结构。桥长15米，净跨度4米，宽4米。2009年5月建成。

长乐桥　位于清塘组撇洪沟，单孔拱桥，钢筋混凝土结构。桥长12米，净跨度6米，宽5米。2009年建成。

清塘桥　位于清塘组，单孔平板桥，水泥混凝土桥面。桥长8米，净跨度2.5米，宽5米。2009年建成。

西三板桥　位于前石塘村西，平板桥，钢筋混凝土结构。桥长20米，净跨度6米，宽8米。2009年建成。

中三板桥　位于前石塘村中，平板桥，钢筋混凝土结构。桥长20米，净跨度6米，宽8米。2009年建成。

东三板桥　位于前石塘村东，平板桥，钢筋混凝土结构。桥长20米，净跨度6米，宽8米。2009年建成。

旅游大道桥涵　位于前石塘自然村南，近天台山。双孔平板桥，钢筋混凝土结构，沥青桥面。桥涵长度20米，净跨度10米，宽12米。2010年5月建成。

游子桥　位于后石塘村中，为石拱桥。桥长15米，净跨度10米，宽12米，设计载重量12吨。2012年3月建成。

梅溪一桥　位于后石塘村南梅溪河上，石砌拱桥。桥长12米，净跨度8米，宽5米，为人行桥。2012年3月建成。

梅溪二桥　位于后石塘村南梅溪河上，石砌单孔拱桥。桥面为石料铺砌，两侧装有木栏杆。桥长10米，净跨度8米，宽4米，为人行桥。2012年3月建成。

梅溪三桥　位于后石塘村南梅溪河上，石砌拱桥。桥面为石料铺砌，两侧装有木栏杆。桥长10米，净跨度8米，宽4米，为人行桥。2012年3月建成。

竹海九龙桥　　戴典金/摄

门口塘桥　位于后石塘村中，石料单孔平板桥。桥长3米，净跨度2米，宽4米。2012年3月建成。

木栈道　位于石塘人家东部，横跨梅溪河，连接旅游大道和石塘人家。木栈道按宋代廊桥范式建造，全长240米，宽4米，长廊40米。2012年建成。

S340高架桥　位于村西青草堰水库北端，沥青桥面，高架部分长60米，净跨度40米，宽26米。2017年建成。

邮政　通信

邮政　1950年，境内报刊邮件投递由陶吴邮政代办所负责。1953年，云台山设邮政代办所，石塘村改由云台山邮政代办所负责。邮递员通常隔日投递，有时托熟人捎转，邮件不能及时到户。

1961年，石塘大队开通邮路，邮递员步行将报纸信件送到大队，再转送村民手中。

1970年，邮递员骑邮政专用自行车到各生产队，邮件开始投递到户，村民信件寄送交邮递员帮助代办。1998年后，邮递员配摩托车，邮件投递更快捷。

2014年6月，石塘村设立村邮站，为南京市首个村邮站。村邮站作为邮政行业公共服务综合平台，除提供平信代投交和代收寄等基本服务外，还提供公共事业费用缴纳、交通票务代理、助农服务、报刊征订、包裹邮件代收、快件代收与代投等一系列便民服务。同时，村邮站提供网上购物，选购体育彩票、福利彩票等服务，促进农产品进城、工业品下乡，成为政府服务民生，支持社会主义新农村建设，创新农村社会管理的重要平台。

通信　1974年，有线电话通到大队。电话机靠手摇，电池作电源，打电话需经公社邮电所总机转接。

1995年9月，数字程控电话开通，境内少数人家开始安装。到2005年，全村约80%家庭安装程控电话。

1992年，横溪建成电信移动通信基站。“大哥大”“BP传呼机”等移动通信工具进入村内，“大哥大”使用者为少数商人。2005年后，村内建有2座移动通信基站，移动电话开始普及。到2019年12月，村民拥有移动电话1310部，百户拥有量290部。

2005年，电信宽带线路接至石塘，少数村民开始安装宽带。2007年，农家乐餐饮兴起，安装宽带上网业务大增。2015年，村内电商服务中心启用，方便村民网上购物、网上销售。2019年12月，全村宽带上网用户达400户，占全村总户数88%。

农田　水利

20世纪50年代前，境内农田灌溉设施简陋，主要靠人力，利用水车等简单工具，难以保障田间灌溉，抵御自然灾害能力较低。

1950年开始，石塘人积极兴修水利，利用山沟分布多的有利条件，修筑拦水坝蓄水。1956—1971年间，先后建造九龙潭、高山凹、青草堰、朱塘、阴山凹、茶叶凹等6座小型水库，共挖土石方12.4万立方米，增加农田自流灌溉面积60公顷，保障了农业生产，同时满足、改善了村民生活用水。

1960年，加固老坝，增强蓄水能力和防洪能力。

1960年后，石塘大队加大农田基本建设，实施山、水、田、坡、路综合治理。建造水库的同时，沿山开渠引水、撇水泄洪，撇洪沟分级造硬质拦水坝，沟塘串联，一方面给水库引水和泄洪，另一方面在干旱年份，还可从老坝逐级提水灌溉。

1974—1978年，开展“农业学大寨”运动，公社号召平整土地，格田成方，石塘人在龙牧亭子西侧格田成方13.33公顷。

2011年，石塘大坝全面疏浚整治，用现代机械吸泥清淤，部分河堤采用砂石水泥浇砌，改善河道水质和景观。

2015年起，境内河道实行河长制，实施管理常态化。

水库

九龙潭（九龙湖）　位于天台山北，清塘村南，西近黄庄九龙坳，1956年建造。堤长40米，顶宽6米，水面1公顷，库容量3万立方米，可灌溉农田20公顷。

高山凹水库　位于前石塘村，1957年建造。堤长30米，顶宽5米，水面0.33公顷，库

清草堰水库　　陈宏德/摄

容量0.6万立方米，可灌溉农田3.33公顷。

阴山凹水库　位于后石塘村北，1957年建造。堤长40米，顶宽6米，水面0.67公顷，库容量1万立方米，可灌溉农田6.67公顷。

茶叶凹水库　位于新生村内，1958年建造。堤长40米，顶宽5米，水面0.4公顷，库容量0.8万立方米，可灌溉农田3.33公顷。

朱塘水库　位于朱塘村，1959年建造。堤长150米，顶宽6米，水面0.67公顷，库容量1.2万立方米，可灌溉农田6.67公顷。

青草堰水库　位于火地山脚下，清塘村西，1971年建造。堤长100米，顶宽6米，水面2.67公顷，库容量8万立方米，可灌溉农田46.67公顷。

供电　供气

供电　1970年以前，村民夜间照明以香油灯为主，菜籽油或豆油为燃料，稍后发展为煤油灯，光亮不足。计划经济时代，村民凭票到代销店购买煤油。村内举行较大活动，则用汽油灯照明。

1970年，后石塘从云台山硫铁矿架设1条供电线路到村内，农户家庭开始使用电灯。后石塘村石东、石西和石塘生产队先后开通三相电，用于生产和粮食加工。1982年，后石塘村改由龙山变电站龙甘线供电，归陶吴电管站管理。

1973年，前石塘大队从横溪变电所架

设电线至大队，大队开始用电照明。1978年7月，石塘接通横岗线，村内架设2台变压器，大队配备电工，设置村级电房和供电设备。至此，各生产队农户相继用电照明。1983年，电力开始应用到工农业生产中。

1995年，进行农网电气化和标准化改造，陶吴电管站在后石塘村架设石塘站、石塘西站、石塘西后站、石塘南站4台200千伏安—630千伏安的变压器，总容量1630千伏安。是年，横溪电管站对石塘村农网进行改造，增加供电能力。前石塘村有变压器5台，总容量1170千伏安。分别为青水站320千伏安，清塘站50千伏安，朱塘站200千伏安，朱家塘站200千伏安，石塘村站400千伏安。

2012年，在石塘人家增设400千伏安的变压器1台。是年，又增设农家乐站，容量200千伏安。满足了域内生产和生活需要。

2019年，石塘总用电量116万千瓦时。

供气　1982年，邻镇丹阳建立液化气站，在横溪、陶吴设立供应点，由横溪换气站、陶吴南洋换气站、食品站液化气换气站供气。80年代中后期，少数村民家中做饭的燃料由柴草改为石油液化气，村民从南京、东山、凤凰山等地购气，村民用气率在5%—10%。2019年，村内液化气普及率90%以上。

住房建设

自建房

20世纪60年代，村民住房简陋，绝大多数依山坡而筑，为低矮、破旧、潮湿的草房。稻草盖顶，毛竹为梁，夯土为墙。布局简单，平面呈长方形，东西向，分成2间或3间。人口较多的家庭建“假八间”，即正房3间，两端与正房垂直，搭建2间小厢房，连接厢房设大门。大门至正房有天井。以稻草、毛竹、夯土、土基为主要建筑材料，平面呈“口”字形，像北方四合院。房屋开间3—3.5米，进深4—5米，檐高2.5—3米，屋面多为“人”字山墙支撑的双坡顶，少数为四坡顶。少数家庭建有砖木结构瓦房，墙体夹板砖砌筑，开斗，中间填土基或乱砖，石灰勾缝，上盖小瓦，正房5—7间，进深二进或三进。

70年代中期，村内农户建房仍以草房居多。将泥土和稻草掺和，加水，用人力或畜力搅拌，用三齿叉垒成墙，俗称叉墙，或者用土基砌墙。房梁由毛竹改为松树、杂树，有的在屋顶椽子与稻草间加铺稀泥和稻草制作的“灰笆”，防止火灾。部分家庭上山割毛草盖顶，俗称“扑房”，山毛草不易腐烂，无须经常修补。

80年代，少数家庭开始建造砖木结构瓦房，以标准红黑砖砌空斗墙，混凝土梁柱，黏土黑瓦，式样格局无大变化。后期，村内掀起建房热潮，空斗墙改为实扎墙，梁柱兼用混凝土和杉木。开始建造楼房。平面一般为长方形，东西走向，楼房多为三下两上。有砖木结构、钢筋混凝土结构，开间多为3.8米，进深6—7米，有的建1.2—1.5米的走廊。

2000年前后，村内住宅不断翻新，楼房增多，出现乡村别墅。有砖混结构、框架结构。布局合理，内部功能设施齐全，外部现代美观。屋面盖水泥彩瓦或宜兴紫砂瓦，地面装铺地板砖、大理石或木地板，室内装饰精致考究。

新规划

根据农业部“美丽乡村”创建目标体系，江苏省“打造功能完善的农民生活圈”和南京市“建成100个美丽乡村示范村”的要求，

改造后的“石塘人家”一角　　石塘村委会/摄

2011年3月，镇村两级共同编制完成《南京市江宁区横溪街道总体规划（石塘村）》，规划包含社区发展规划和村庄整治规划，确立石塘村为乡村生态旅游标杆，建设成为布局合理、设施完备、经济繁荣、生活富裕、环境优美、社会文明的社会主义新农村。具体目标是：村内道路硬化、路灯亮化、污水进站、垃圾进箱、公厕清洁、河道洁净、景点美观、服务中心功能完善。

村庄提升

2013年，石塘村在总体规划的基础上，制定村庄布点规划和示范区规划。2014年，制定区域保护规划。2016年，制定互联网小镇规划，并按照“最美乡村”建设标准要求，完善公共设施，还原云台山山居生活，再现南宋江南村落风貌。2018年12月，完成全部规划。按照规划，将石塘村建设成为集观光度假、旅游接待、休闲农业生产、民俗文化交流于一体的乡村旅游地。

前石塘　2009年11月，进行休闲农业特色村改造。2010年5月，建成旅游大道、停车场、村口广场，改造污水管网、民居，整治河塘环境。

采用与江南自然山水契合的徽派建筑风格改造民居。徽派建筑是中国古典建筑的重要流派，以运用粉墙、黛瓦、马头墙、石库门、天井院等特色元素而别具风韵，人们用一副对联形象地概括这种风格，“青砖小瓦马头墙，回廊挂落花格窗”。另外还采用徽派建筑中常见的木雕、石雕、砖雕装饰民居，使之典雅庄重。

在村庄建设和民居改造中，保持石塘竹海的自然风貌和原有生态，融入江南乡村特色元素，展现民间文化，挖掘保护历史遗存，做到自然与人工和谐，历史与现代交融。村庄以全新的面貌迎接四方来客，人们将石塘竹海景区誉为“江苏小九寨沟”。2011年7月，被江苏省农委评为“江苏省最具魅力休闲乡村”。同年，石塘竹海被江苏省旅游局评为四星级乡村旅游区。

石塘人家　2011年9月，后石塘更名为石塘人家，被江宁区政府纳入“五朵金花”旅游村，进行改造。撤除7000平方米危旧房屋，建成1350平方米公共服务中心，2500平方米休闲广场，20余处停车场，10余座新型公厕。安装250盏太阳能路灯及指示牌。建设九里街、木栈道等景观。建设污水处理厂1座，铺设排污管道5000米，完成供水、供电、环卫设施改造。

后石塘有文字记载的历史远至南宋时期，距今800多年。按照宋朝江南建筑风格全面改造167栋民居，注重绿水青山和古村的相互衬托，色调以黑白灰为主，清新、雅致，整体风格轻快、明丽。门窗、屋檐、门廊、梁柱、阳台、栏杆等细部处理秉持古风。庭院采用借景、透景、框景、障景、对景等传统造园方式，颇具情调、幽趣和神韵。

2017年4月，石塘人家被江苏省旅游局评为“江苏省五星级乡村旅游区”。

朱塘　位于莺子山山腰，山村特色显著，屋舍、田畴、道路掩映于茶园、梨园和竹林之中，错落有致。

2017年，规划为互联网小镇，明确功能定位，完善设施。是年，朱塘村出新外墙60000平方米，建设硬质化道路4000平方米，疏浚河道3600立方米，新增绿化面积19000平方米。新建村史馆、7000平方米停车场、2座公厕、1座污水处理装置。

2018年2月，朱塘被南京市文明办等单位命名为美丽乡村。

生态环境

乐在农家
人工湿地

2011年，石塘村开展创建江苏省卫生村、文明村工作，成立创建工作领导小组。按照江宁区农林局、绿化委员会的要求，规划、整治生活空间、卫生设施，引导村民养成文明健康的生活方式。至2019年，石塘村生态环境质量持续向好，处处是人与自然和谐共生的生态画卷。

环境整治　2011年10月，石塘村大力开展村庄整治。清理积存垃圾、死角垃圾、河沟坑塘垃圾和渣土3000吨，清除乱堆乱放杂物76处，拆除危旧房屋、违章建筑48处，拆除猪圈135座、露天粪坑140处，治理村庄周边白色污染。2014年，开展“百日大扫除”专项整治行动，整改脏乱地点500多处，清运垃圾200多吨，出新墙面3万平方米，为村民营造宜居美丽的生活环境。

环境管理　2014年1月，石塘村村委会制定环境维护长效管理制度，实行农家乐、代销店及营业店铺门前三包责任制，签订责任书。消除露天粪坑，禽畜粪便处理率综合利用率达100%。倡导秸秆还田和综合利用，推广新技术，实行秸秆焚烧巡查制度，杜绝秸秆焚烧。严禁乱搭乱建，指定专人检查，保证创建工作有效开展。

河道清理　2008年和2012年，前石塘村、后石塘村先后成立保洁公司，清理域内的梅溪河、石塘大坝、青草堰水库等水域，清淤河塘。先后清淤河塘13个，河、沟3公里，共7500立方米。疏浚淤塞河道1000米，砌驳梅溪河、石塘大坝河堤3000米。新砌排水沟15000平方米，新建5座拦水坝，改造升级河塘景观。引导村民将生活垃圾、废弃物放入垃圾池、化粪池，劝阻村民往河塘里抛丢垃圾。教育村民保护水源、爱护河塘周边环境。2012年，贯彻江宁区“河长制”管理实施方案，实行长效管理责任制。

污水处理　2000年以前，境内居民生活垃圾和养殖户的禽畜粪便污染较为严重。2000年开始，石塘村逐步建设污水管网，先后建设前石塘和后石塘污水主管网，总长度14公里，覆盖率达70%。2013年，建设污水管网10公里。是年，在前石塘村东建污水处理站1座，日处理污水80立方米，最大可处理150立方米。在后石塘建污水处理站1座，日处理污水100立方米，最大可处理150立方米。农家乐餐厨污水和生活污水全部排入污

后石塘改造前的民居　石塘村委会/摄

后石塘改造后的民居　石塘村委会/摄

水管网，进入2座污水处理站，处理达标后，回收利用，或排入撇洪沟。

垃圾处理　石塘村在整治前，每户都有1个露天垃圾坑，盛放草木灰等，一般生活垃圾倒入坑中沤肥，不宜作肥料的垃圾倒向村边或沟塘内。2009年，投入20万元，在前石塘村、后石塘村修建标准垃圾收集池5座，垃圾房23座，置放垃圾箱共94只，实行垃圾定点收集。2012年，配备保洁员16人、保洁车5辆、垃圾运输车1辆。保洁员每天2次入户收集垃圾，并及时运送到街道垃圾中转站作无害化处理，保证全村整洁、干净。2015年，成立梅溪物业有限公司，承担村内卫生保洁和垃圾清运工作。

改水改厕　1980年以前，石塘村村民以河水和井水作为饮用水源，水质较差。1989年，石塘村委会将青草堰水库作为村民饮用水源，青草堰水库在村西部，水位较高，不需加压，可自然供水。从清塘组、新生组埋设管道至朱塘组，再到前石塘村，村民开始饮用较清洁的水库水。是年，后石塘自然村将阴山凹水库的水引至各家各户。2008年，石塘村实施改水工程，农户交开户费，由横溪自来水站组织施工，安装管道及各户水表、表井。2010年，村内改水工程基本结束，有367户村民饮用长江水，确保饮用水安全。

2011年前，村内露天厕所随处可见，污水粪便漫溢，恶臭难闻。2011年，村委会把改厕工作作为重点，投入50万元，对全村农户家庭厕所实行无害化改造。制定改厕目标实施方案和目标管理责任制，按照江苏省《农村无害化卫生厕所技术规范》要求，做到统一规格、统一放样、统一施工、统一验收。7月，建成无害化、三格化粪池厕所367座，公共厕所10座，移动厕所4座，改厕率100%。

村庄绿化　20世纪60年代，石塘村开始重视绿化造林。进入21世纪后，更加注重绿化工作。保护域内山林树木，严禁村民上山砍伐。新开发建设20公顷百果园、梅林、茶园及庄稼体验区，保留农家房前屋后花果树木，保留菜园地。至2019年底，绿化村庄0.86平方公里，绿化道路0.9平方公里，绿化河道0.93平方公里，绿化山坡2.35平方公里。森林覆盖率提高到85%。

附：石塘村环境维护长效管理制度

为了创建江苏省卫生村，切实加强农村环境卫生整治工作，我村严格按照上级对此项工作的要求，做到宣传贯彻到位，组织落实到位，综合整治到位，明确任务，落实责任，特制订本制度。

一、总的原则：突击整治与长效管理相结合，注重长效管理。

二、划定责任片区，将全村划定六个责任区，分别由村委会驻片干部、自然村村长和保洁员包干到位。

三、聘用专职保洁员11名，兼职保洁员6名，保证一个责任区至少有1名保洁员。租用1台拖拉机，5辆保洁车，进行垃圾清理运输工作。

四、保洁员每天对道路村庄进行清扫，保洁拖拉机每个星期对垃圾进行清运，确保垃圾房设施完好，清理周边环境并定期喷施农药。

五、定期召开工作交流会议，每月至少一次。通过相互交流，取长补短，促进工作逐步形成规范化、制度化。

六、成立督查组，由潘福林任组长，每个月六个责任区的环境工作进行定期或不定期抽查，并将检查记录登记在案，作为年度考核依据，与报酬挂钩。

七、重激励，严格考核。此项工作一年两次考核，每半年一次。并通过走访所在责任区内村民对环境卫生的满意度进行测评，与每月检查记录相结合，确定年度工作报酬，奖惩兑现。

八、明确职责、分工到位。特制订一系列完整的人员职责制度，分工明确，长期执行。

横溪街道石塘村村民委员会

二〇一四年一月

3 互联网小镇

2015年4月24日，区委、区政府贯彻省委、省政府《关于加快发展互联网经济的意见》，决定规划建设石塘互联网创业小镇。2016年12月，江宁区十六届人大五次会议提出，高起点推进美丽乡村示范建设，通过规划建设石塘互联网创业小镇的决议。

石塘互联网小镇构建互联展示、文化旅游、创客服务三大功能板块。相继建成电商服务中心、田园e站、互联网会议中心，成功举办4届江苏省互联网创新创业大赛。

石塘互联网小镇的建设，赋予石塘村科技的动力和时尚的魅力。

曲径通幽

互联网小镇会议中心　　石塘村委会/摄

石塘互联网小镇地处江宁美丽乡村的中部，北至汤铜公路，南至S340省道，西与马鞍山市濮塘镇交界，东至海峡大道。区域包括石塘村和云台山硫铁矿，域内有云台山山脉和龙山山脉，面积18.2平方公里。

总体规划

石塘村为石塘互联网创业小镇核心区，规划建设互联网会议中心、创客中心、智慧田园、云数据基地、农业创客集市等31个项目。

整体改造云台山硫铁矿区，完善小镇的生活、生产、旅游接待等功能，成为创客集聚的重要载体。

与国家级农业开发园区南京台湾农民创业园合作，打造互联网智慧农业示范区。

发展美丽乡村特色产业、云数据互联网产业、创客服务配套产业。

功能定位

2015年，横溪街道委托北京中元国际工程设计研究院、中元国际建筑规划设计院，规划设计石塘互联网创业小镇。充分吸纳借鉴乌镇的先进发展理念和经验做法，利用石塘优越的生态资源，依托“i创杯”江苏省互联网创新创业大赛掀起的热潮，构建互联展示、文化旅游和创客服务三大功能板块，全力打造南京地区“互联网+美丽乡村”展示交流平台，建设华东地区“互联网+创客空间”创新创业新基地，树立全国范围“互联网+乡村旅游”新标杆。

基础设施

2016年，石塘村与中国电信等央企进行产业合作，投入2000多万元建设信息基础设施，实现光纤、光缆全覆盖，千兆宽带接入，免费WiFi全覆盖。2018年，建成电商服务中心、田园e站、互联网会议中心等项目。

电商服务中心

2015年6月11日，石塘村成立南京市首个村级电商服务中心。石塘电商服务中心依托南京石塘人家农家乐专业合作社，设立农副产品展示、电商培训孵化、网络办公室和便民服务4个区域，线下和线上销售当地农副产品、旅游纪念品、文创产品，还为农家乐和乡村客栈提供网上预订服务。石塘电商服务中心定期指导村民学习电商知识，进行信息化培训，带动村民电商创业，打造网络平台，成就事业。村民学会使用网上便民超市，在网上购买农耕用具、日用百货，缴纳各项费用。2015年12月，石塘电商服务中心获“南京市农业电子商务示范基地”称号。2017年8月17日，石塘村获“江苏省农村电子商务示范村”称号。2019年，电商交易额达1210万元。

田园e站

2016年10月，田园e站建成，利用互联网技术，增添项目趣味性、体验性，比传统田园酒店更时尚、更新奇。

该项目位于石塘人家石狮路南侧，阳光体育营地东侧，景区主干道西侧，占地3.67公顷。赋予园内耕种、采摘、烹饪、烧烤等多个传统项目新的互联网基因，是传统与现代交融的体验型园区。田园e站体验项目有：1.农耕种植，游客可认领一块土地，并在土地上种植植物，由工作人员配合，实现远程种植，给游客不一样的真实体验。2.创客巴士，以废旧巴士改造而成，不拘一格，创意大胆，充满传统怀旧风情。与可口可乐公司合作，里面配置了品种丰富的饮品。可以供游人休息品饮，还可以举办小型沙龙、聚会等。3.老灶台农家炊事体验，游客在老灶台上亲手烹饪采摘来的蔬菜瓜果，体验最传统的烹饪方

田园e站小品　石塘村委会/摄

式，体验从菜地直接到餐桌的自然质朴饮食方式，享受舌尖上的乡村美味。“e+服务”是园区特色，所有项目线上线下同步销售、同步服务，“竹卿舍”在携程网Booking、Airbnb、石塘官方网站、官方微信均可预订。所有蔬菜均有二维码身份证，便于游客溯源，保障品质。田园认种项目可以通过萤石云视频APP线上跟踪监视、服务、体验。特色农副产品在石塘人家淘宝店、官方微信上均有销售。

互联网+星空

2016年，建设南京市青少年天文观察基地。石塘村与中科院紫金山天文台合作打造“互联网+星空”项目，建设天文科普拓展基地、华东地区天文爱好者观察基地和球幕影院，建筑面积1000平方米，基地采用网络控制技术、3D、AR、VR视频技术。该项目用互联网手段仰望星空，观察太阳、星系，吸引众多天文爱好者。

互联网会议中心

石塘互联网会议中心位于石塘村南，旅游大道与横陆路交会点西侧，占地面积9600平方米，建筑面积3000平方米。2016年5月开工建设，10月竣工交付使用。

会议中心应用互联网技术，功能布局集约、高效、灵活。

会议中心空间形态似人民公社大礼堂，宽敞明亮，外形似温室大棚，现代乡村气息浓郁，两坡屋顶与村庄民居和谐一致，主体采用柱楹、干栏构造，细密挺拔，犹如翠竹，似从山间自然长成。

建筑分为主厅、辅楼两部分，主厅760平方米，可容纳500—800人，可举办会议、演出、展览、民俗活动等。后有多功能厅、服务储藏室154平方米，贵宾室66平方米。辅楼设置互联网体验中心、游客中心、大数据中心和办公室。互联网体验中心90平方米、游客中心80平方米、大数据中心65平方米、办公室300平方米。辅楼二层450平方米，可举办会议、斯诺克比赛等小型室内活动。

会议中心应用互联网技术，功能集约、高效、灵活，是江苏省“i创杯”互联网创新创业大赛基地，自2016年10月至2019年9月，成功举办4届总决赛。

会议中心是石塘互联网小镇集聚展示平台，大数据中心深度分析游客习惯需求，作出及时准确响应。中心管理服务平台开发电商、通信等管理服务模块，决策科学，处置快捷。

江苏省互联网创新创业大赛

江苏省互联网
创新创业大赛

"i创杯"江苏省互联网创新创业大赛由江苏省经济与信息化委员会主办，江宁区人民政府、江苏省广播电视总台等单位协办，是省内最高规格赛事，立足江苏，面向海内外征集参赛项目。通过比赛培育和发现新产品、新技术、新模式和新业态，寻求传统产业转型升级的"互联网+"解决方案，实现创意、项目、资金、资源和人才等要素的集聚和流通。优化互联网经济发展环境，培育互联网创新创业人才和团队，加快发展互联网产业。总决赛每年举办1次。首届总决赛在南京市区举办，第二届开始，总决赛均在石塘互联网创业小镇举办。

第二届

初赛于2016年5月15日启动，参赛项目千余个，项目覆盖云计算与大数据、智能硬件、互联网产业升级等多领域、多行业。272个项目晋级复赛，108个项目晋级决赛。10月23日、24日，108个决赛项目分成两组，角逐出20个总决赛名额。10月25日，20个总决赛项目经过4个小时的激烈角逐，苏州老顽童信息技术有限公司的"就爱广场舞"社交软件等项目胜出，分获特等奖和一等奖。

其间，主办方安排项目成果展、投融资对接会、创客音乐会等活动，推动互联网创新创业项目、资本与载体充分对接，有效合作。

总决赛暨颁奖典礼上还举行共建石塘互联网创业小镇签约仪式。联想集团与石塘互联网创业小镇合作，打造国内知名、省内有一定影响力、产业规模达百亿级的互联网产业集聚区。中国电信以石塘互联网小镇为试点，建立全面覆盖的第四代移动通信网络，推进云计算、物联网、大数据等新兴信息技术广泛应用。多家企业在智能信息化、软件开发、创客基地等方面，共同推进石塘互联网创业小镇的发展。

第三届

2017年，第三届大赛首次采用巡回路演方式，举办7场分站赛和无锡赛区决赛，决赛于6月6日至7月7日举办，决出9强项目。

总决赛于2017年9月25日下午举办。无

第三届『创杯』大赛总决赛现场

石塘村委会/摄

第三届『i创杯』大赛颁奖

石塘村委会/摄

锡时柒伍科技有限公司的“时柒伍智能镜”项目获得一等奖，无锡微茗智能科技有限公司的“工业设备物联网大数据分析整体解决方案”项目获得二等奖，无锡智伴科技的“智伴科技儿童伴读机器人”项目获得三等奖。无锡市经信委和江南大学获得组织奖。

第四届

初赛于2018年5月启动，参赛项目1127个。经过30场省内外巡回路演、初赛，共有9个项目晋级总决赛。

9月28日，总决赛由南京大学商学院院长沈坤荣、途牛网创始人于敦德、五星控股集团总裁王健、三六五网集团总裁齐东、元禾原点管理合伙人费建江担任主评审。40位业界资深专家组成的观察团，对参赛项目进行集体评议。总决赛还特别组建投资机构观察团、高校观察团，以及由沙钢、苏宁、海澜之家等省内知名企业组成的产业观察团。

长图文创作社交应用项目获得特等奖，智能乐器、管道智能运维系统平台关键技术研发与产业化、联智科技等项目获得一等奖，齐悟大脑、来画视频——中国首家AI动画短视频创作平台、精准放射治疗计划设计云服务、半导体高精度芯片贴装机器人、新一代商业大数据挖掘和个性化推荐平台等项目获得二等奖。

第五届

初赛于2019年4月启动，参赛项目1181个，创历史新高，省外项目占比近三分之一。该届大赛为参赛项目提供了丰厚的政策“大礼包”，获奖团队或企业除可获得2万—10万元奖金之外，还可获得下一年度50万—100万元省工业和信息化产业转型升级专项扶持资金。

2019年9月19日至21日，举办决赛。19日，晋级决赛的百强项目被分成三组进行平行路演，竞争10个总决赛名额。20日下午，举办总决赛，深蓝科技的“基于NILM技术的消防安全预警系统”项目获得特等奖，另外还评出一等奖3名，二等奖5名，三等奖10名，优秀奖74名。

决赛期间，组委会举办决赛特训营、创客音乐会、投融资对接会等一系列活动。

4 乡村旅游

石塘村有自然灵动的山水，人文积淀丰厚。2011 年 9 月，江宁区政府将石塘村纳入首批“五朵金花”旅游村，规划建造。2011 年，石塘竹海被评为江苏省四星级乡村旅游区。2011 年 12 月，石塘村被评为全国休闲农业与乡村旅游示范区。2013 年，被评为中国乡村旅游模范村。2017 年，被评为江苏省五星级乡村旅游区。2018 年 12 月，被评为江苏省旅游百佳单位。2019 年共有 160 余户村民从事旅游业，从业人员 1045 人，年接待游客 150 万人次，年营业收入 2451 万元。

石塘竹海

石塘竹海

石塘竹海景区在前石塘村，位于石塘村西南部。20世纪70年代植树造林活动中，石塘人发现竹子用途广，适合在当地生长，开始种植竹子，开辟连片竹园。经过数十年的人工培育和自然生发，形成满山满谷，青翠无边的竹林，人们形象地称为竹海。竹海有连片翠竹266.67公顷，在华东地区首屈一指。2010年5月，建成长4.7公里的旅游大道，穿行在竹海中，外接汤铜公路，让游客能徜徉竹海深处。2011年，石塘竹海被江苏省旅游局评为四星级乡村旅游区。石塘竹海景区林深径幽，山媚水秀，有“江苏小九寨沟”之美称，景区有九龙潭、怪坡等著名景点，还有衲头庵古庙遗址等历史陈迹。

曲径通幽　是竹海的一道奇景。环绕九龙潭的满山翠竹，中间有一条蜿蜒山道，通向竹海深处，路两边青翠挺拔的竹子指向天空。山路上，低矮的灌木丛，不知名的闲花幽草，似欲亲人。天光染成绿色，怡人眼目。道路曲折回环，似乎没有尽头。穿行在路上，隐约可见九龙潭一汪碧水，高低倾侧，晴阴雨雾，呈现出变幻莫测的姿容。

九龙潭　与竹海相依相偎。九龙潭由山泉涌溢而成，终年不涸。1956年，石塘人在泉眼下方筑坝蓄水，浇灌农田和饮用。湖水清澈甘洌，水面沿山体延伸，幽深莫测，似有蛟龙潜驻，故称九龙潭。打造后的九龙潭为石塘竹海风景区重要景点，游客络绎不绝。伸入水中的木质平台、栈道为游客提供了理想的垂钓、观景、摄影地点。2009年5月，南京市民论坛即在平台、栈道上举行。

九龙潭水色沉碧，绿竹与碧水相映成趣，潭水富含矿物元素，清甜可口。九龙潭景点是周边城市自驾游客的理想目的地，还是多家婚纱影楼的摄影基地。

怪坡　亦称观音坡。位于九龙潭景点西侧，坡长120米，坡度1.85度。

怪坡怪在熄火的汽车能向坡上自动滑行，下坡时自行车需要使劲蹬，形成“上坡易”“下坡难”“车倒爬、水倒流”的奇怪现象。

怪坡激发游客、探险家和科学工作者的浓厚兴趣，人们来此观看、调查、研究，做出许多解释，如视觉错乱、磁场效应、失重现

怪坡　石塘村委会/摄

象……众说纷纭，还未有定论。这更吸引人们前来探奇索解，享受趣味和轻松。

衲头庵遗址　衲头庵遗址位于石塘竹海景区内，火地山北部，靠近山顶，占地2500平方米，下临山谷，俯瞰九龙潭。遗址现存银杏树2棵，梓树、大叶榉树各1棵，与周围山林自然生长的林木不同，显为人工种植，且直径50厘米以上，最大的达80厘米，树龄近百年。遗址内散落着柱础、门槛石、门头、门窝子、圆环等石质建筑构件，碎砖瓦到处皆是，有的还团聚成堆。北边靠近山体有一口废弃的井，直径70厘米，井壁青砖砌筑，依然完好。衲头庵遗址人工拆卸痕迹明显，搬走有用材料，留下残破构件，砖头瓦砾。

衲头庵是一座历史悠久的乡间小寺庙，明朝葛寅亮撰《金陵梵刹志》中已有记载："小刹衲头庵在郭外南城山南乡，南去所领建昌寺十五里，北去聚宝门九十里。殿堂、佛殿叁楹，观音殿三楹，僧院一房。基址贰亩，东至饮马池，南至本庵山，西至太平山，北至本庵山。”

明朝金陵佛寺采用大刹统中刹，中刹统小刹的管理方式，衲头庵为大刹报恩寺所统中刹建昌寺治下的小刹。明朝一亩为614.4平方米，说明明朝以后，衲头庵经过扩建，基址增大了一倍。火地山南面有一座小刹般若寺，与衲头庵仅隔一座山头，有元朝法秀禅师至此栖止参禅。明太祖起义之初，率师渡江，听闻法师之名，单骑入山，会晤法师，相谈甚合意，派人供养，后又敕建赐额。衲头庵东界饮马池也许与太祖饮马有关。西面山属安徽省马鞍山市濮塘镇，原属太平州，故称太平山，山中有幽谷庵。

明朝雪浪法师曾到访衲头庵。法师名洪恩，字三怀，号雪浪，金陵黄氏子，生于嘉靖二十四年（1545），十二岁出家长干寺，逝于万历三十六年（1608）。雪浪法师为晚明贤首宗（华严宗）南方系巨擘，佛法中兴大师，名闻遐迩的讲经高僧，且工诗，被时人称江南第一诗僧。法师撰有《雪浪集》，集中收有《游般若寺》《经衲头庵忆法秀禅师》《宿幽谷庵喜逢静崖法兄》三首诗，记录他在石塘一带的游历。往僻静山林打坐参禅，寻找法侣，参究佛理，是禅僧常用的两种修行方式。从三首诗的题目和内容看，雪浪法师的这次游历是一次禅修之旅。《经衲头庵忆法秀禅师》一诗写道：“绽衲居无定，双林一岭分。磬声和断续，香蔼逗氤氲。石径连疏竹，溪流隔片云。丹书征出处，已是不逢君。”雪浪法师经过衲头庵，想起明朝初年太祖与法秀禅师山中晤谈的佳话，法秀禅师道行高妙，并未依恃太祖垂青，参与明朝初年朝廷在金陵举办的众多佛事活动，明朝邹济《般若禅院记略》一文中说，“师游庐阜，莫知所之”。法秀禅师云游庐山，隐于山林。这首诗表达了对法秀禅师的景仰，同时也流露出对这一带山林景色的钟爱。石径、竹林、溪流、云朵，四百年过去了，衲头庵周遭风光之美依然如故。

清朝和民国时期，衲头庵成为前石塘、后石塘和窑头三个村的家庙，为三个村的村民作祈请、还愿等佛事活动。庵里有十几亩田，一片山林，租给汪姓弟兄四人耕种、看管，所入用以宴请三村村民，为他们提供糕点、茶水，村民建房需要木材，可去庵中讨要。后石塘住着一位汪姓工匠，专门为庵里制作泥塑佛像，村民们尊称他为汪处士。后石塘村清汪处士制作一尊关公像，送到衲头庵去开光，以求灵验。庵里有如来佛、观音、子孙娘娘、四大金刚等塑像，还有佛塔和旗杆。每年正月初一、十五、重大佛教节日，村民们到此烧香，献香火钱。

抗日战争时期，衲头庵被新四军用作临时伤员救治所，后被日军发现，烧毁前进三间房子。1958年，开展大跃进生产运动，制作深耕农田的绞桩犁，需要粗大木料，从庵中拆除一些木质房梁、楹柱。后在火地山露天开采铁矿，矿石滚落，压毁剩余房屋，后一直废弃。2008年5月，苏州科赛集团与横溪街道、南京报业传媒集团合作，打造“石塘竹海”景区，拟整理衲头庵遗址，建设古迹文化公园，因故未实施。

石塘村史馆

村史馆2018年建成。位于朱塘村，占地面积600平方米，展馆面积300平方米，苏式建筑风格。分前言、村情、村景、村史、村韵、村誉6个单元。以翔实的史料、丰富的实物、别致的展陈，辅以现代化声、光、电手段，重现山村的历史场景，立体逼真展示石塘的历史人文美、自然风光美、乡风民俗美、特色田园美，带你走进一段历史，留住一缕乡愁。

村史馆还增设新时代文明实践、乡贤名人、党建微家等专题展览，丰富村史馆的展陈内容，增强村史馆的教化功能。

石塘村史馆　　陈宏德/摄

石塘人家

石塘人家原名后石塘，毗邻石塘竹海，是一个由百余户人家组成的典型江南山村。2011年9月，被江宁区政府纳入“五朵金花”旅游村进行改造。2013年4月27日，首届南京市江宁区乡村文化旅游节开幕式暨“五朵金花”开村仪式在石塘人家举行。村中有王氏宗祠、狮背伞、古井、星塘满等古迹，又新建了木栈道、泉水叮咚九里街等景点，还引进了南京市学生阳光体育营地、大学生村官实践基地两个促进青少年成长、成才的项目。2017年4月，石塘人家被江苏省旅游局命名为“江苏省五星级乡村旅游区”。

石塘古代十景　清朝后石塘人将村中十处代表景观列为石塘十景，并请人绘图、赋诗。这十处景观是姑山晚照、完市晴岚、云台夜钟、阴子晓日、西村桃坞、南社梅溪、凤岘春阴、神冈月色、环村雪岭、隔岸风篁。

木栈道　建于2013年，全长240米，宽4米，高6米，横跨梅溪河，连接旅游大道和村庄。木栈道仿南宋廊桥风格而建，主体结构为钢筋混凝土，坚固安全，表面涂饰木纹漆，古色古香，廊屋飞檐歇山顶，秀美灵动，顶柱之间采用斗拱结构连接，展现中国古代营造之巧妙。栈道可供游客漫步观景，拍照留念，还可与家人好友驻足歇息，参加垂钓、撑船等水上活动，感受乡野慢生活的浓浓乐趣。

泉水叮咚九里街　横溪街道在村庄改造中，新建一条以泉水为主题的商业街，汩汩喷涌的泉水，从上到下，叮咚流过街心，村里有“九里十三缸”的古老藏宝传说，故取名泉水叮咚九里街。街道长230米，宽16米，以木材、石材为主要建筑材料，地面青砖铺砌，中间有泉水，栽种水生花草，街边建筑为江南明清古建风格。

九里街汇聚六朝时期流传至今的金陵名小吃，有鲜汁锅贴、多味麻辣烫、飘香烧烤等等。店铺销售横溪本土农副产品，有名扬四方的横溪西瓜，有特色农产品草莓、葡萄、吊瓜子、野山茶、山芋粉丝、小年糕等等。街上还有“传统童玩店”，汇集传统益智玩具巧环、鲁班锁、经典魔方等等。玩具店对面的“竹门巧匠”竹器店，一件件精巧耐用的竹器，体现山里人的勤劳和聪慧。此外，乡村酒吧，是深山里的都市之梦。云端书屋，为夜宿游客免费提供无线网络、电子阅览室、复古小人书、儿童读物及各种珍贵典藏书籍。音乐茶吧，清静优雅，可容纳30人，可品茶、K歌，也可进行棋牌等休闲娱乐活动。

南京市学生阳光体育营地　南京市学生阳光体育营地以人为本，开展学生户外运动、野外生存和团队拓展训练，旨在为学生提供体育锻炼提升和素质加强平台，让学生在丰富多彩的活动中，在与大自然的接触中，促进身心健康，引导学生形成良好的世界观、人生观和价值观。营地2012年启动建

设，2014年9月建成。活动区域面积220公顷，核心活动区域面积10公顷。

营地依托生态环境优美的石塘人家，注重开放性、生态性和发展性，布局合理，功能完善，开展三大门类近20个实践活动项目，包括素质拓展活动、生存体验活动、科学实践活动。营地功能区域分为实践活动区、主题教育区和生活服务区。实践活动区包括：海模实践、专项越野、场地拓展、登山拉练、真人CS野战游戏。主题教育区包括：主题教育中心、野外生存体验馆、升旗广场、篝火台。生活服务区包括：野外露营区、餐饮中

前石塘溪流影照　　刘凤鸣/摄

石塘暮色　　张正文/摄

心、九里街服务区。主题教育中心是营地标志性建筑，位于石塘人家西南面，三面环山，为仿宋代建筑，中心大楼依丘陵缓坡地势而建，弧形分布，自然而生动。

石塘人家大学生村官实践基地　2012年6月9日，石塘人家大学生村官实践基地由江宁区政府认定成立，正式揭牌。7月1日，第一批大学生村官进驻石塘人家，参与重点工程建设，系统学习创业管理，开展创业实践。大学生村官策划开设旅游商品店、竹门巧匠竹器店、传统玩具店、云端书吧、棋思妙想桌游吧和石塘人家国际青年旅社等6家店。引进1家连锁便利店、1家南京茶楼、2家乡村酒吧、1家传统糕饼店和1家南京传统小吃店。

大学生村官采集石塘人家、石塘竹海、

甘泉湖景区、七仙大福村、台湾农民创业园等各景点的信息资料，编写《横溪旅游发展战略及概念设计》一书。成立南京飞跃彩虹旅行社有限公司，开设“横溪乡村旅游网”和“横溪乡村旅游联盟”两个网站。“横溪乡村旅游网”助销西瓜、葡萄、玉米、草鸡蛋等地方特色农产品，还提供农家乐餐饮和民宿网上预订等服务。“横溪乡村旅游联盟”已吸纳加盟会员58家，推动石塘人家经济发展和农民增收。

至2018年，先后有19名大学生村官到石塘人家大学生村官实践基地参加实践活动。

南京市学生阳光体育营地拓展中心　张明/摄

狮背伞　是石塘人家的神石神树。位于王氏宗祠右侧靠前位置，由一块自然形成的巨型狮子石，驮着一棵高大的树。相传，王氏宗祠建造之初，大雨如注，洪水肆虐，田地尽毁，屋庐不完，而巨型狮子石护住了宗祠，村民纷纷到宗祠中避难。巨型狮子石形象逼真，威武雄壮，村民认为它是后石塘村的天赐神石。狮子石正背上生长出一株血色榉树，在薄瘠的石缝中，竟然一天天长大长高，终成一棵巨树，如张开的伞盖，人称“狮背伞”。榉树直径约70厘米，伞形冠径8米多，根抱狮子石背，经200多年风雨，仍生长茂盛，堪称奇观。

古井　王氏古井位于村南王氏大院门前，井深约10米，为南宋古井，距今约800年，配有用当地麻石制作的井圈，井圈上留下一道道深深的提桶绳索印痕。该井位于两山夹谷谷底位置，水源为山泉，水量充沛，大旱之年也不会干涸，水质甘芳甜润，是村民世世代代饮用、洗濯的主要水源。井上建有仿古亭子，保护古井，并有介绍古井的铭牌。

时氏古井位于村东梅溪河岸边，有700多年历史。相传为乡村氏族争斗而暗地开凿，古井当时正处在时氏宗祠正前方，风水学上有这样一种说法，“前井后塘，家破人亡”。后石塘时氏果然衰败，村中再无时姓人家，古井也因而废弃，砖砌井壁和石质井栏犹存。

星塘满　石塘村中确有石塘，为天降陨石砸出的水塘。相传很久以前，有一道美丽的浅红色光射向王氏宗祠门前，一块巨大的黑色圆麻石从天而降，冲击成一口坑塘。黑色圆麻石半露水面，塘边呈不规则形状，不类人工。小塘蓄满清澈的水，人们称之为“星塘满”，寓意幸福满堂。

顾起元墓

顾起元（1565—1628）字太初，又字邻初，号遁园，应天府江宁县（今江苏省南京市）人。明万历二十六年（1598）会试第一人，殿试一甲第三人，官至吏部左侍郎，兼翰林院侍读学士。顾起元为官清正，名誉日起，正当仕途顺遂之时，他却辞官回乡，避居遁园。朝廷先后七次征召，他都婉言谢绝。友人们敬慕他淡泊荣利，将他遁园中常休憩其中的小亭子命名为“七召亭”。他入官籍30年，真正做官仅5年，未能施展才华，士林为之惋惜。

在家乡，顾起元很注重名节，清素自守。有门人弟子巡盐两淮，担心恩师贫苦，私下授意盐商重金求其墨宝，他得知后，断然拒绝。明天启年间（1621—1627），南京建魏忠贤生祠，花重金请顾起元撰文刻石，他以手有毛病，写不了字为由，推脱不为。

顾起元悠游林泉，有许多同年进士、门生故交在南京做官，他却很少去官署拜访，以避嫌疑。他对家乡教化之事却很热心，为前辈名贤作诗写赞语，引导学子立志成才。他还主动承担社会事务，地方法令有所更改，他会斟酌古今成败得失，向官府进言，务必兴利除弊。顾起元学问渊博，地方历史沿革，人物贤否，以至南京各官府的掌故都很熟悉，地方上需要考订史实，往往向他求教，他都能广征博引，讲清原委脉络。

他著述丰富，所著有《尔雅堂诗说》《中庸外传》《顾氏小史》《说略》《遁园漫稿》《雪堂随笔》《客座赘语》《归鸿馆稿》《武陵稿》《懒真草堂集》《蛰庵日录》《金陵古金石考目》等。南明时，补谥“文庄”。

《康熙江宁府志》记载“会元顾起元墓在云台山”。此后，清朝各府志县志、民国《首都志》皆沿袭此说。2014年编《南京市江宁区志》称，“据史料载，顾起元墓在江宁西南云台山上云台寺旁，其遗址在今横溪街道红旗行政村曾庄村顾家山”。顾家山在云台山脚下曾庄，与石塘村一山之隔。

实际上，顾家山是顾起元父亲顾国辅的墓地。顾国辅字维德，号毅庵，明万历二年（1574）进士，官至浙江按察副使。顾起元的墓地在今雨花台区铁心桥街道。他撰有文章《花园新阡表》，文中说，明万历四十五年（1617），他为亡妻王氏在安德乡花园村购置一块墓地，“四十七年（1619）三月朔，举孺人之椟窆焉，虚其左，以俟余异日同穴之誓。”交代后人，自己百年之后，要与妻子合葬。花园村在牛首山东北，岩山山麓，岩山又名龙山、南山、韩府山，俗名凤凰山。

顾起元为父亲勘察选定墓地，安葬祭拜父亲，多次来到石塘村周边，写下《为先大人卜兆已成纪事》《村社》《大山》《女山》《男女山》《同四弟之曾庄》《庄居》《曾庄扫墓》《再上曾庄》等多首诗篇，为后人留下了明朝中后期石塘村一带山川风俗的珍贵记录。

王万祥墓

王万祥（1644—1701）字瑞宇，号铁山，巩昌府会宁县关川里一甲（今甘肃省会宁县汉家岔乡）人。18岁招募入伍，勇敢善战，因功升中军副将。朝廷以其每战必捷，屡建大功，升授浙江定海镇总兵。清康熙二十二年（1683），收复台湾，选调王万祥赴台镇守，后又晋升为福建陆路提督，统辖八部。王万祥在福建任职17年，边隅大治，闽人为其立生祠。康熙四十年（1701）病逝于福建住所，葬于云台山。康熙皇帝授予他太子少保（正二品）衔，赐祭葬，立碑，谥“壮敏”。

《陶吴镇志》记载，王万祥墓占地约200平方米。前面有两根青石制成的擎天柱，每根高15米，直径约0.5米，石柱两边分列石狗、石羊、石狮，接着是青石板盖成的石房，房内并排竖着5块高2米、宽1米、厚0.15米的青石碑，刻有碑文。不远处为墓茔，墓前有高大的石人石马，墓内有志石，以铁箍缠束。王万祥墓在“文化大革命”中被毁，所葬之地，今人仍称为提督坟。

魏家骅墓

魏家骅（1863—1932）字梅荪，晚年自署刚长居士，人称“魏八爷”。魏氏家族世居江宁秣陵新丰村，太平天国战争期间，举家流落苏州，后由崇明迁至如皋。魏家骅于清同治二年（1863）八月生于如皋。同治五年（1866），合家返金陵，七年（1868），购城南高冈里以居。

魏家骅母亲为继室，生子四人，魏家骅居长，次弟幼殇。清光绪三年（1877），魏家骅补博士弟子，第二年父亲去世，家境渐衰落。其母担当家事，安排他两个弟弟治理生计，守住先人产业，让魏家骅一心读书，求取功名，拜金坛冯煦为师。冯煦字梦华，号蒿庵，江苏金坛人。清光绪三年（1877）在金陵书局校书，光绪十二年（1886）一甲三名进士，历官安徽凤阳府知府、四川按察使、安徽巡抚。

位于秦淮区高岗里的魏家骅故居

位于江宁区后石塘的魏家骅墓　　王禄宝/摄

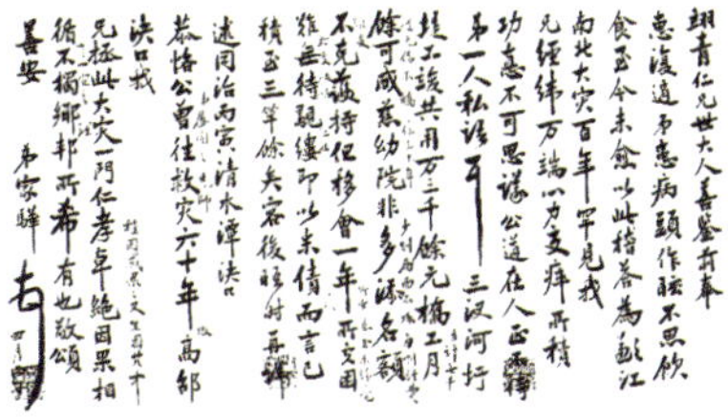

魏家骅遗墨

魏家骅不负母亲期望，学业精进。光绪十四年（1888），以学行优异成贡士。十五年（1889），朝考一等，以知县叙用。十七年（1891），中举人。二十四年（1898），中进士，入翰林。八月，请假南归，冯煦其时任安徽凤阳知府，境内水灾，魏家骅助师赈灾。二十九年（1903），散馆，授职编修，同年，考取经济特科，人称双科进士。三十年（1904），补山东东昌府知府。三十二年（1906）九月，丁母忧，去官，期间，助淮安赈务。三十三年（1907），冯煦任安徽巡抚，奏请魏家骅任幕职。服除后，以道员发往云南，任督署总文案、云南迤东兵备道、提法使、迤西兵备道等职。魏家骅为官勤勉，任东昌知府时，兴修水利，推广种植产量高、品质好的美国棉花品种。办理赈务，两获朝廷嘉奖。

清宣统三年（1911）九月，云南革命军起义爆发，魏家骅仓皇离开。十月，抵达上海，居家养病不复出。进入民国，他并不一味抵触新生事物，而是和各阶层人士，包括政府官员，保持良好关系，和他们在社会事务中进行合作，逐渐从一名封建时代官员转变为开明士绅、社会活动家、慈善家。

受母亲教诲和老师影响，魏家骅清朝为官时，即在金陵组建慈善机构，举办慈善活动。清光绪三十二年（1906），魏家骅在中华门外见子桥义仓巷创办宁郡义仓，后更名私立义仓，冬季施粥，荒年筹办平粜。1913年，魏家骅联合士绅，创办地方公会，举办冬赈。1921年，会晤南海印光法师，遂断肉食，念佛持咒，自号刚长居士，积极投身慈善事业。1922年，“世界红卍字会南京分会”创办，魏家骅被推举为负责人。同年，与冯煦等人在三汊河购置土地，修建法云寺，开辟念佛放生道场，创办慈善惜字会，组织妇孺救济会，并担任南京义农会分会副会长。1923年，在放生池旁成立南京佛教慈幼院，魏家骅任副会长、常务董事、基金保管委员。魏家骅认为吃素才能保证放生，作《劝戒杀吃素文》，倡导成立素食同缘社。1924年，建议愚园主人胡光国设置放生池，作《愚园放生池记》，刻石立碑。

魏家骅还重视另一种形式的慈善，流通善书，劝人行善，以减少人为作恶造成的灾害。光绪三十三年（1907），他仿晚明著名善人吕坤所作《好人歌》，撰写同名劝善歌谣，引导世风。1927年，刊印发行一千本。他纂辑《云栖戒杀放生汇录》，刊刻流通，宣扬戒杀护生理念。整理史籍中因果报应事迹，编纂《二十二史感应录》，希望当权者，尤其是手握兵权者有所戒惧。《安士全书》是清代周安士居士所著，印光法师称为“善世第一奇书”，欲印发，借此挽救世道人心，所筹资金只够印两万余部，印光法师委托魏家骅向张謇募资，得到应允，《安士全书》增印至三万四千余部。

魏家骅的慈善事业得益于家族产业的支持。魏氏世为缎业，号魏广兴。1937年，魏广兴拥有织机150架，工人450人，年产量2000匹，产值80000元，名列南京市第二，在陶吴镇有上千亩良田、桑园，在陶吴大庄建有农副产品加工、储藏基地，在老家秣陵新丰建有宅第、庄房，实力雄厚。魏广兴由其弟魏家骥经营，魏家骅并不过问生意，但弟弟尊重他，理解他，鼎力支持他的慈善事业。

1931年夏秋之交，江淮流域发生特大水灾，南京为重灾区。魏家骅召集士绅，联合缎业等二十八家同业公会，成立江宁水灾义赈协会，任执行委员兼常务委员。国民政府在各县成立查放局，专门统计、调查灾情，发放捐赠物资。魏家骅等三人组成江宁查放局，他任查放长。此次救灾，魏家骅早晚筹划，加上弟弟去世，哀痛不已，染上疾病，于次年夏天去世，终年69岁。

魏家骅工楷书，题写《宋史艺文志补》《蒿庵类稿》《闺范》等书名，题写金陵刻经处创始人杨仁山居士塔铭，参与编纂清光绪三十四年（1908）刊行的《凤阳府志》。与人合编《教务记略》，并撰写“例言”。魏家骅撰有楹联传世，如愚园孺慕亭对联：“白云吾庐青琴在案；绿竹有笑素馨何来。”还有赠人联，“比德于玉圭璋特达；如松有节柯叶贯时。”“于今沧海相逢，衰病白头谈故里；此后灵光高仰，高歌青眼感当年。”魏家骅的文章散见公私文集、宗谱、年谱中，有《刚长居士自序》《光绪三十三年（1907）重修端氏家谱序》《泾舟老人年谱序》《盋山诗录序》《扁善斋文存序》《白下琐言跋》《宦游偶记序》《金陵赋题语》《徐州二遗民集序》《丹徒胡氏支谱序》等。

《首都志》卷十五《人表》，将魏家骅增补入先正。

魏广兴缎业在陶吴地区有桑园、产业，后石塘村村民有从事桑蚕丝绸贸易者，魏家骅曾多次来到后石塘村，且在这里觅得知交。据《石塘王氏宗谱》记载，王懋银“正直慈良，不矜功，不伐善，勤以治家，俭以持己。其在乡党中排难解纷，人咸悦服，秉公（而）作，人皆信从，是以望重一乡，声称当世。由是魏君家骅太史公甚契重之，故亲笔特书楹联相赠于公，至今犹存也。”后石塘村山水清丽，与王懋银先生知交相契，让魏家骅选择托体于兹。

魏家骅墓位于后石塘村西北部，因其曾任山东东昌府知府，又称知府坟。墓地占地约0.13公顷，四至界桩明晰，前对撑门山，后倚西山，左依来龙冈，右伴阴子冈，形如太师椅，风水甚好。高大的封土堆，环形垒土垣墙，当年种植的柏树、冬青树犹存。墓地原有3块墓碑，2块后被移至尾沙坝涵洞，1块移至村小桥旁。墓前原有石香炉、石供桌，长达三四米的条石台阶，墓道旁有石狮等石兽，二十世纪六七十年代被毁。近来，墓地渐被侵占。

后石塘村中地名都以山水地貌命名，如门口塘、西山凹、来龙冈之类，唯有魏家骅墓所在地，村民以他的名字来命名，以示对这位科举精英、循良官员、博爱慈善家的敬重和纪念。

旅游项目

引领全民创业
助力乡村振兴

石塘村围绕乡村特色，挖掘人文历史资源。自2013年起，打造出集风景观光、文化体验、休闲度假、运动健体等主题为一体的系列乡村旅游休闲项目，力求打破传统旅游模式，增强项目的体验性和参与性。

村庄定向越野

村庄定向越野是充分利用石塘人家自然资源打造的户外体育旅游项目。定向越野以九里街为起始点，参赛者携带配发的指南针、感应器和地图，在村庄中寻找设定的点位，最快到达者胜出。2015年12月，江苏定向越野大赛在石塘人家举行。

特色山地拓展

特色山地拓展包括山地游和拓展游。山地游在登山拉练步道进行，登山拉练步道穿行在秀丽恬静、风景迷人的龙山山脉中，全长5公里，一端位于南京市学生阳光体育营地拓展中心，一端位于石塘人家旅游大道，串联起自然景观、古井、村落，游客欣赏自然风光的同时，还可品味人文历史。

拓展游在拓展训练基地开展，有极限攀岩、高空组合、信任背摔、胜利墙和水上漂等17个项目。完善的运动设施，规范的训练指导，优美的户外环境，让游客能够充分体验团队协作带来的无穷魅力。

野外生存

野外生存主要强调互动学习和个人体验，让游客在充满挑战的野外生存活动中，学习并掌握“食、行、住、救、装备”等各种突围的知识和技巧。

野外生存游项目建有野外生存体验馆和野外露营区。野外生存体验馆建筑面积850平方米，顶层采用自然光照明技术，白天不用灯光辅助，大厅内的光线均匀而柔和，既节能环保又美观实用。体验馆还是一个小型报告厅，可以举办野外生存体验交流活动。野外露营区又称帐篷营地，位于石塘人家东北面，紧临景观河，南接小流域湿地公

野外露营　　石塘村委会/摄

园，占地面积6500平方米，是游客野外露营体验和搭建帐篷训练的主要区域。

田园生活

田园生活游依托田园e站，集农业科普、农事体验、生态观光、农家餐饮、休闲民宿于一体，充分挖掘传统乡村文化，还原乡村历史。游客在园中真切体验农村生活，参加菜园认种、采摘、田园射击、车水灌溉、垂钓等活动，还可逛农夫集市、乘创客巴士，享受农村老灶台醇香的饭菜，晚上入住精品民宿，去乡村酒吧举杯欢饮。

附：央视《乡村大世界》走进石塘

2013年5月18日，中央电视台七套主办的“《乡村大世界》走进横溪活动”在石塘旅游度假区举行，活动以生态横溪、瓜香横溪为主线，与横溪农民一起分享丰收的喜悦。该档节目通过横溪致富牛人娄霞讲述养孔雀的传奇创业故事，以及“七仙女”歌舞表演、“金陵第一嘴”传统叫卖、民间石锁破纪录挑战、溜球老人表演、身边感动人物故事讲述等展示出瓜乡横溪的悠久历史、淳朴民风、勤劳善良和人文之美。这些节目中，“七仙女”民间传说、金陵传统叫卖、殷巷石锁都已入选非物质文化遗产名录。通过富有农村气息、地域之美、文娱特色的专题农村节目，把甜美横溪、魅力横溪、和谐横溪推向全国。

配套服务

旅游公司

南京飞跃彩虹旅行社有限公司　位于横溪街道石塘人家九里街17号，为游客提供食、住、行、游、购、娱一站式服务。

南京飞跃彩虹旅行社成立于2012年11月，立足横溪，整合乡村旅游资源，深挖旅游文化要素，着力打造出多条精品乡村旅游线路，展示美丽乡村淳朴自然、生态优良、现代时尚的特色。旅行社秉承“文化传承，科技支撑”的发展理念，日益丰富当地的旅游产品结构。2017年1月，公司创办“横溪乡村旅游网”和“横溪乡村旅游联盟”两个网站。

南京石塘人家生态农业有限公司　成立于2016年4月29日。2019年游客接待量达百万人次，主要经营农业休闲观光服务、住宿、餐饮、会务、票务、户外拓展活动组织策划、初级农产品和旅游用品销售、垂钓服务、水产养殖、旅游景点开发、旅行社服务等。

农家乐

石塘村内有100多户农家乐餐饮经营户，餐位3000余个，可满足团队用餐、散客点餐、宴席预订等各层次需求。石塘人质朴善良，热情好客，农家菜肴富有地方特色。在这里，游客可吃到农户自己种植的有机蔬菜、野生毛竹笋、小野笋、农家土鸡、土鸭、土鹅、石磨豆腐等，天然健康，味美量足。

农家苑土菜馆　位于前石塘村，营业面积500平方米，经营餐饮兼住宿，有餐位140个，床位13张。特色菜有冬笋烧鸡等。

吴其祥土菜馆　位于前石塘村，营业面积120平方米，经营餐饮兼住宿，有餐位60个，床位4张。特色菜为虎皮扣肉。

元桂玲土菜馆　位于前石塘村，营业面积240平方米，经营餐饮，有餐位100个。特色菜为“赛熊掌”。

萍水山庄土菜馆　位于前石塘村，营业面积200平方米。经营餐饮兼住宿，有餐位100个。

卜家兰土菜馆　位于前石塘村，营业面

积200平方米，经营餐饮，有餐位100个。

徐济怀土菜馆　位于前石塘村，营业面积180平方米，经营餐饮兼住宿，有餐位100个，床位20张。

徐金发农业生态园　位于前石塘村，营业面积280平方米，经营餐饮兼住宿，有餐位100个，床位20张。

徐金山土菜馆　位于前石塘村，营业面积260平方米，经营餐饮兼住宿，有餐位100个，床位12张。

小竹园土菜馆　位于石塘人家村，营业面积160平方米，经营餐饮，有餐位110个。

学珍土菜馆　位于石塘人家村，营业面积120平方米，经营餐饮兼住宿，有餐位140个，床位4张。

乡村土菜馆　位于石塘人家村，营业面积120平方米，经营餐饮，有餐位100个。

朱塘土菜馆　位于朱塘村，营业面积120平方米，经营餐饮，有餐位60个。善做野味，主供红烧鸡、红烧鸭、竹笋干

庭院风光　　石塘村委会/摄

石塘民居

石塘村委会/摄

石塘民宿内景

石塘村委会/摄

石塘游客接待中心

石塘村委会/摄

烧肉。

陈金春土菜馆　位于新生自然村，营业面积220平方米，经营餐饮，有餐位100个。

住宿服务

石塘村有四星级标准乡村客栈1家，200张床位。民宿25家，220张床位。青年旅舍1家，32张床位。多家旅舍、宾馆在建。

望月湾景观民宿　2013年9月建成。总建筑面积550平方米，位于石塘人家村。共计四层楼，三楼、四楼为住宿区。有精品乡村风格客房10间，会议室及休闲咖啡吧各1个。望月湾景观民宿融餐饮、休闲为一体。运用现代技术手段营造移步换景的农庄园林景观，亭台楼阁、假山水榭饶具自然神韵。

溪山居民宿　2014年建成，总建筑面积1000平方米，位于石塘人家村梅溪河畔。白墙黛瓦，木格门窗，院落古朴素雅。有大床房4间，标准间5间，亲子房2间。房间多以原山石、藤材等原生态材料装饰布置。

石塘竹海主题客栈　2016年建成，总建筑面积3000平方米，位于前石塘村。客栈掩映在村庄西侧山谷之中，环境清幽。客栈以竹为主题元素进行装修和布置，配置竹床、竹椅、竹桌、竹帘等，空气中散发出竹子的清芬。客栈拥有特色温馨主题客房50间（套）和绿野仙踪、Hello Kitty、网游等特色主题客房7间。一楼大堂吧可容纳60人，二楼阳光休闲区可容纳40人，会议室可容纳30人。

觅境·石塘精品民宿　2017年5月建成，建筑面积800平方米，位于前石塘村“小九寨沟”山谷之中。打开窗即是远山，屋后是一片竹林，位置优越，山隐水藏，景象万千。共有8个房间（寻山、觅水、心悦、灵秀、中有、得所、秘乐、境地），4种房型，庭院山泉泡池LOFT房、家庭房、山景套房和星空房。每个房间配有大浴缸，户外山泉泡池。全套TOTO卫浴，高标准欧舒丹洗漱用品和定制床垫。在觅境，游客可以体验归隐山间，晴耕雨读的惬意山居生活。

石塘人家国际青年旅舍　2017年8月建成，位于石塘人家村九里街。共有2个6人间，2个10人间，32张床位。

石塘人家乡村客栈　2018年12月建成，总建筑面积5000平方米，位于石塘人家村。按照准星级标准设计建造，有客房100间

（套）。设有自助餐厅1个，能同时容纳60多人用餐。设有多功能大厅，是举办商务会议、宴请嘉宾、休闲娱乐的理想场所。

竹卿舍精品乡村民宿　2018年建成，位于石塘人家村田园e站内，为度假式主题民宿。有木屋2栋、温泉木屋3栋、休闲木屋2栋及树屋1栋。以砖、石、竹、木等自然材料装饰点缀，体现复古田园格调。

停车场

牌坊停车场　位于前石塘村牌楼边，2009年建造。可停泊大客车12辆，小车108辆，有公厕1座。

梅溪停车场　位于石塘人家村，2012年建造，占地23333.35平方米。可停泊小车20辆，有公厕1座。

石塘人家生态停车场　位于石塘人家村，2013年建造，占地面积26666.8平方米。可停泊旅游大客车30辆，小车245辆，有公厕1座，垃圾分类暂存点1处。

石塘人家乡村客栈停车场　位于石塘人家村乡村客栈前，2013年建造。可停泊小车82辆，大巴车10辆。

石塘村停车场　位于石塘人家村，村委会办公地南侧，2013年建造。可停泊小车62辆。

阳光体育营地总部停车场　位于石塘人家村阳光体育营地主体建筑北边，2014年9月建造。可停泊大巴车5辆，小车80辆，有公厕1座。

互联网会议中心停车场　位于前石塘村互联网会议中心东侧，2016年10月建造。可停泊大巴车5辆，小车23辆。

竹海停车场　位于清塘自然村，2016年建造，占地面积26666.8平方米。可停泊大巴车10辆，小车150辆。

前石塘飞凤潭停车场　位于前石塘村南，2017年建造，占地面积4000.02平方米。可停泊大巴车5辆，小车30辆，有公厕1座。

朱塘停车场　位于朱塘自然村，2017年建造，占地面积6666.75平方米。可停泊大巴车20辆，小车60辆，有公厕1座。

石塘民宿　　石塘村委会/摄

5 特产美食

石塘村植被丰富，竹、笋、果、茶等各色山珍是石塘的特产。村民们世世代代依靠这些特产，维持生计，改善生活。现在石塘特产为游客所青睐，还通过网络销往外地。有机种植的园蔬，田间地头随处可见可挑的野菜，风味鲜美，营养健康。传统菜肴赛熊掌、笋菜和小丹阳火锅羊肉面、横溪鱼头豆腐等地道美味佳肴，风味独特，吸引着无数游客慕名前来品尝。

石塘特产

石塘春笋

竹笋

石塘竹林盛产竹笋。传统中医认为，竹笋味甘微苦，性寒，能化痰下气，消热去烦。《本草纲目拾遗》称其“利九窍、通血脉、化痰涎、消食胀”。竹笋富含维生素B，含糖量低、多植物纤维，能促进肠道蠕动，帮助消化，防止便秘。

石塘村境内农家乐常以竹笋烧肉、竹笋烧鸡等系列菜肴招待游客。还开发笋干、笋丝、烟笋、酸笋、淡笋、笋衣、罐头笋、咸盐笋、保鲜方便笋等系列食品，品种多样，各具风味。

村中引种早园竹，游客一年四季可吃到新鲜脆嫩的竹笋。野竹笋是山中珍品，生长于4—6月，纤维细，笋肉多，口感爽脆清甜，可焖、炒、煮、拌，是养生滋补佳品。

竹子

石塘竹子品种繁多，有楠竹、慈竹、小箭竹，还有名贵的箬竹、紫竹、斑竹和水竹。楠竹种植面积最广。楠竹又名茅竹，学名毛竹。其竹节稀，竹壁厚，材质坚韧，重量轻，尖削度小，割裂性高，材质优良，用途广泛，被誉为“竹中之王”。

竹器

石塘村盛产毛竹，许多村民因地制宜，进行毛竹加工，制成各种生活用具、家具、文具和旅游手工艺品。生活用具有扁担、秧箕、筛子、匾子、耙子、扫帚等。家具有竹篮、筲箕、竹床、竹椅、竹桌、竹席等。文具有笔筒等。旅游手工艺品有竹根雕佛像、竹蜻蜓、玉竹茶盘、印花杯垫、竹扇、竹炭枕、小马车等，品种多达100余种。当地人称竹器制作者为篾匠，石塘村比较有名气的篾匠有陈荣林、陈国发、施永考、方荣发等人。

最具地方特色竹器是凉床、凉席，精致美观，清凉宜人，是家家必备的度夏佳品。平时，他们将这些竹制品运到江宁境内和周边安徽城镇销售，每年春天三四月份，各集镇召开物资交流会，他们会去设摊销售，俗称赶集。

采伐的毛竹　　石塘村委会/摄

20世纪七八十年代，前石塘村成立林业队，将篾匠们组织起来，发展竹器产业，与南京酱油厂、醋厂等多个单位签订合同，供应竹制缸盖，为石塘村增添一大笔经济收入。他们精湛的篾匠手艺为壮大村级经济做出贡献，广受村民称赞。村民张志祥、张金保仍然从事竹器制作，当毛竹扳匠，制作竹梯（俗称扳梯子），供百姓生活所需，也为电力、邮电、广电、消防、建筑等单位制作专用竹梯。村民阮兴平编制销售各种竹筐，还有村民为环卫部门及周边村民扎制竹扫帚。

茶叶

石塘村气候与土壤条件非常适宜茶叶生长。村内茶叶生产规模化、优质化。注册商标“夜合山”牌茶叶是石塘村地产名品，产于夜合山，有碧螺春、雨花茶等品种。2013年起，连续3年获南京市茶叶金奖。

春季，村民还采摘制作野山茶，天然醇香，乃稀有佳品。

夜合山牌雨花茶　采摘单芽，要求嫩度均匀，长度一致（2—3厘米），通常炒制500克干茶，需要数万个芽头。春茶为主，秋茶白露前后采摘制作。“夜合山”牌雨花茶制作工艺繁复考究，分为采摘、鲜叶摊晾、杀青、摊晾、揉捻、整形、干燥、复火、摊晾、筛分、包装等工序。成茶条索细紧，外形直，中带扁，似织梭，匀整秀丽，色翠，披毫如银，汤色绿而清澈，滋味鲜爽醇甘，叶底嫩匀明亮。

夜合山牌云雾茶　为野生家茶，散落在山中竹园树林之间，自然生长，山上长年云

石塘村夜合山生态茶场　　石塘村委会/摄

石塘米酒坊　　石塘村委会/摄

雾缭绕，故名云雾茶。该茶制成后清香可口，品质极佳。野生量少，极珍稀，用于制作高档礼品茶。1998年、1999年、2000年连续3年获南京市农林局茶叶评比特等奖，在全市首届“雨花·雪松杯”名茶评比中获金奖。

野山叉茶　俗名“山叉子”，味道极清甜可口，提神醒脑。这种茶产自山上野生山叉树，村民家家户户自摘自制，春分前上市。山叉子茶叶有降血脂、血压、胆固醇等多种功效，是石塘村民延年益寿的灵饮，也是村民馈赠佳品。

石塘石竹茶　石竹，学名淡竹叶、竹叶青。药材名瞿麦，为石竹科多年生草本植物，多生于山坡石缝中。味苦，微寒，无毒，为药食兼用植物，可加工制作成保健饮料。此茶是石塘特色旅游商品。

水果

石塘花果栽植历史悠久，品种有桃、李、梨、枣、柿等，多为农家房前屋后栽种。20世纪70年代，石塘大队林业队、生产队集体栽种果树，全村果园面积20公顷，主要品种有桃、梨等。1982年后，集体果园分给村民承包管理。2018年，在朱塘自然村打造梨园、桃园景观区。

桃　栽种历史悠久，多数散种在农家房前屋后、荒山岗地，随处可见，少则自食，多则出售。品种一般为五月桃、六月白。20世纪80年代，村内引进优良品种雨花露、安农水蜜。2019年，村内有桃树面积1.34公顷，年产量3吨。

李　庭院果树之一，常植于房前屋后，主要品种有紫皮李和黄李。2019年，村内有李树面积1公顷，年产量2吨。

梨　1970年前后，为石塘主栽果树。各生产队集体栽种梨树，主要为砂梨系列，村内共有梨树面积6.67公顷，年产梨36吨。2019年，村内有梨树面积0.73公顷，年产量2吨。

枣　为群众喜爱的散生果树，植于农家房前屋后，品种有牙枣、米枣、木枣等，一般鲜食，也可煮食。20世纪末引进大型鲜食优良品种。2019年，村内有枣树面积0.67公顷，年产量1吨。

柿　为群众喜爱的庭院果树，适应性强，病虫害少，产量高，亩产可达千斤，易于管理。几乎家家栽植，有“柿可养老”之说。品种多为磨盘柿。2019年，村内有柿树面积0.8公顷，年产量3吨。

米酒

石塘人有酿米酒过年的习俗。石塘米酒具有千年历史。石塘米酒选料考究，以横溪地域出产的优质糯米为原料，以石塘当地独特的传统工艺酵酿。

酿造米酒工序如下：糯米淘净后，放入蒸桶内蒸成糯米饭，将冷却的开水淋入糯米饭，使其饭粒松散不粘，沥干后倒入敞口缸内。将用中药材和酵粉制成的酒丸子研细，与缸内糯米饭一起搅拌均匀（酒丸子与饭的比例一般为1∶40），压实，中间凹陷。将缸盖严，缸周及缸盖加上保温材料。米饭在缸内发酵1周左右，待中间凹陷部位浸满酒后，逐渐去除保温材料。约2周后，将饭量3—4倍的冷开水倒入缸内搅拌，继续发酵，至米饭粒内无淀粉，只剩米壳为止。榨干酒糟，取出米酒。酿造时间，冬季约1个月，春季约20天。石塘米酒有低度米酒、高度米酒、酒酿、糯米醇等品种。米酒白如玉液，清香袭人，甜润爽口，具有生津暖胃之功效，有“横溪米酒赛琼浆，喝上一盅三日香”之美誉，深受游客喜爱。

2014年4月19日，石塘成立米酒坊，酿造传统米酒。米酒坊位于石塘人家九里街入口处，为一栋两层楼的江南苏派建筑，占地面积约160平方米。坊内有酿酒工艺展示区、米酒品鉴区、米酒销售区、米酒冷藏库、电商服务区等。每年4月份举办石塘米酒节，发扬石塘米酒文化。米酒坊每年接待游客达4万余人，线上线下销售额达100余万元。

野蔬

时令野生蔬菜味美，营养价值高。石塘山野荒块、田边地头生长着各种野生蔬菜，石塘人不仅自食，还用来款待游客。

香椿头

又名香椿头、香椿芽，是香椿树的嫩芽，为早春上市的树生蔬菜。谷雨前的香椿芽色泽嫩绿，口感多汁，香味浓郁，营养价值高。中医认为香椿味苦性寒，有清热解毒、健胃理气、杀虫固精等功效。香椿中富含维生素C、优质蛋白质和磷、铁等矿物质。是不可多得的野蔬珍品。

香椿芽菜品很多，有小炒香椿芽、香椿炒鸡蛋、煎香椿饼、凉拌香椿芽、香椿拌豆腐、香椿拌花生、香椿芽拌冷面等。香椿还可腌制，做成调味品。

石塘村民有栽种香椿树的传统，衲头庵有2棵数百年的古香椿树。农家小院许多都栽种香椿树，近年来，有农户将香椿树当灌木密栽，以摘取更多香椿头。

马齿苋

又名马齿菜、马勺菜、麻绳菜、五行草、蚂蚱菜等，一年生肉质草本植物，是农村田野中最常见的野菜。马齿苋生长迅速，生命力强，特别耐旱。

马齿苋营养丰富，是一种高蛋白、低碳水化合物的野生蔬菜，马齿苋含有许多特殊成分，对人体有特殊的医疗保健作用。含有去肾上腺素、钾元素、ω-3脂肪酸、维生素E、铜元素、胡萝卜素、硒等，能降低、稳定血糖，降血压，保护血管和心脏，治疗白癜风，抗衰老，防癌变，故而马齿苋有“长寿草”的美称。

马齿苋可鲜吃，还可干燥后食用，也可冷冻贮藏，腌制。常见做法有凉拌、炒食、做汤、做馅。

上图：苜蓿　　野荠菜　　菊花脑
下图：马兰头　　小蒜头　　马齿苋　　香椿头　　石塘村委会/摄

马兰头

又名路边菊或田边菊、紫菊、红梗菜等。系菊科植物，茎直立，略呈红色，春天摘其嫩叶作蔬菜。

马兰头味辛、性凉，可调理肝、胃、肺经。

苜蓿

一年生或多年生草本植物，羽状3片叶，叶小，有小齿，叶脉伸入齿端，托叶与叶柄合生，花小，组成腋生的总状花序或头状花序。

苜蓿中含有大量铁元素，是治疗贫血症的辅助食品。苜蓿中所含B族维生素，可改善恶性贫血症状。还含有维生素K，可减轻胃、肠出血。含有苜蓿素和苜蓿酚，能止咳平喘。含有粗纤维，可促进大肠蠕动，防止便秘和肠癌。

苜蓿的烹制方法多样，将苜蓿摘去老梗黄叶，洗净后用旺火重油炒食，味极鲜美。摘去茎梗，纯炒苜蓿叶，特别细嫩。摘其叶茎前三四节，清水冲洗干净后，开水焯熟，再入凉水浸泡十余分钟，搓去部分汁液，备小葱花、姜丝，热油浇，加食盐、醋及蒜泥等调味品凉拌，即可食用，爽口清脾，是家庭餐桌上一道美味小碟，下酒亦佳。

小蒜

别名山蒜、野蒜。为多年生草本百合科植物。外形与大蒜相似，大蒜茎高叶宽，由多个鳞瓣组成，而小蒜茎叶较小，仅有1个鳞球，鳞茎细小如薤。境内荒山坡地都有生长。

小蒜于夏、秋采挖，去净泥沙，晒干或阴干。可制成酱小蒜、小蒜饼子、小蒜摊饼、小蒜蒸鸡蛋、小蒜炒鸡蛋，亦可腌制。普通体质人群均可食用。小蒜温中，下气，消谷，杀虫，可辅助治疗吐泻、心腹胀痛、疔肿毒疮，毒虫咬伤等。

荠菜

又名地菜、荠荠菜、雀雀菜、护生草、清明草，石塘人称野菜子，为十字花科一年生草本植物，生于田间、路旁及庭院湿润处，是春天最早返绿的野菜之一。阳春三月，是荠菜生长旺季，采摘食用，为野蔬中佳品。

石塘人有“农历三月三，荠菜花煮鸡蛋”的习俗，据说吃后可预防春疫，方法是将荠菜花与鸡蛋同煮，蛋熟后敲开蛋皮，再煮一会儿，荠菜花香味可渗入鸡蛋，食之清香可口。荠菜炒熟做馅包饺子，其味香鲜。炒荠菜、荠菜汤是农家乐的常用菜。

荠菜具有很高的药用价值，有民谣：“三月三，荠菜赛灵丹。”古书中称荠菜糊为“百岁羹”。中医认为荠菜味甘、微苦、性凉，具有益脾明目、祛风解热、止血和胃之功效。现代医学研究证明，荠菜含有荠菜酸、胆碱和黄酮，对各种出血病有明显缓解作用，可增强血友病患者抵抗力。所含乙酰胆碱、芸香甙、木樨草素，有降血压作用。荠菜还含有丰富的二硫酚硫酮，具有抗癌作用，可降低胃癌和呼吸道癌发生率。

菊花脑

别名菊花郎、菊花叶、菊花菜、路边黄、黄菊仔。菊花脑为菊科菊，属草本野菊花的近缘植物，有小叶菊花脑和大叶菊花脑两种，大叶者品质为佳。菊花脑不仅营养丰富，且有清热解毒、调中开胃、降低血压之功效。菊花脑含有蛋白质、脂肪、纤维和维生素，还含有黄酮类和挥发油，有特殊芳香味，食之凉爽清口。菊花脑是石塘人餐桌上最常见的菜肴，菊花脑鸡蛋汤是夏日防暑清火的佳品。菊花脑还可炒食、凉拌或煮汤。

农家美食

石塘村农家美食品种众多，有笋菜、笋干烧肉、赛熊掌等。2012年6月9日，石塘村成立农家乐专业合作社。合作社指导农家乐经营户提高水平，请名厨讲座，招聘专业厨师掌勺，菜肴质量得到明显提升，农家美食品牌效应日益显现。

笋菜

石塘的特色美食中，最著名的是用当地盛产的竹笋烹制的菜肴。每年有大批游客慕名前来品尝石塘的“笋宴”。笋菜当中，最常见的是竹笋烧肉、竹笋烧鸡，另有两香问政山笋、青笋炒木耳、冬笋炒腊肉、冬笋鹿丝、炒竹笋、笋菇烧面筋、竹笋香菇汤等。

笋干烧肉

食材及调味料：笋干，五花肉，葱，姜，蒜，干辣椒，花椒，大料，冰糖，生抽，老抽，料酒，蚝油，啤酒，盐。

主要做法：先将笋干用水浸泡24小时，泡发后的笋干用水煮开，再泡2小时，捞出沥干水分，切小块备用。五花肉洗净切块。如果是黑猪肉或者土猪肉不要焯水，清洗干净就可以。如果是普通的猪肉，焯一下水。起锅烧油，放入五花肉煎至微黄，加入葱，姜，蒜，干辣椒，花椒，大料，冰糖，生抽，老抽，料酒，蚝油，翻炒2—3分钟，使肉块均匀上色。加入泡发好的笋干，继续翻炒，看到笋干均匀上色后，加入啤酒、水，没过所有食材3厘米左右。大火烧开后，撇去浮沫。转小火慢炖一个半小时左右。出锅前加食盐调味，撒香葱，上桌。

黑色菜肴“赛熊掌”

1928年，南京丹凤街开了一家“双凤园”餐馆，以制作黑色菜肴著称。黑色菜肴外观独特，营养丰富，国民警察厅的官员经常去品尝，后在国民党高官中流行开来。“双凤园”黑色菜肴中，最著名的一道菜叫“赛熊掌”。

“赛熊掌”实际上是清汤炖猪爪，白汤

笋干烧肉　　石塘村委会/摄

浓稠，中间是黑色的猪爪，看上去特别像熊掌。胶质丰富，美容养颜。

主要做法：猪蹄1只，南烛叶10克，盐20克，枸杞子10粒。猪蹄洗净去油，用盐腌入味，南烛叶洗净捣汁，兑水至适当浓度，放入猪蹄泡制6-8小时，捞出炖煮，直至汤白蹄黑，撒入枸杞装盆，亦可卤制冷切。有益肠胃、灭三虫、补精髓、坚筋骨等功效。经常食用，可改善血液循环，防止血管老化，延缓衰老。

2012年5月15日，在南京市乡村旅游美食大赛上，石塘村元桂玲土菜馆厨师易俊制作的“赛熊掌”，在150多道菜中脱颖而出，夺得金奖。

乌饭

南烛叶俗称乌饭树叶。石塘村周边山上随处可见乌饭树。农历四月初八前后，石塘人采摘乌饭叶，煮乌饭食用，或用来招待游客。乌饭黝黑发亮，清香扑鼻。主要做法：将从山上摘采来的乌饭叶摘去树枝，洗净，在适量净水中浸泡3小时，将树叶捣烂，滤去叶渣，将淘净的糯米倒入乌饭叶水中浸泡1小时，连米带水一同下锅煮熟即可。乌饭具有明目补肾的功效。

清炖农家土鸡

农家土鸡散养在山边竹林里，以吃青草和虫子为主，辅以谷物饲料，生长期长。清炖的农家土鸡肉肥而不腻，耐嚼不柴，鸡汤油亮，香气四溢。游客可自行选购，或亲自捉鸡，参与宰杀和制作。

土灶炒鸡

食材及调味料：农家土鸡750克，鸡胗、鸡肝、鸡肠各70克，鸡腰2个。配料：八角、花椒、香叶各3克，肉蔻5克，桂皮15克，干红辣椒少许、香葱、海天老抽各5克，葱段、姜片、蒜粒各15克，酱油、胡椒粉各4克，料酒8克，芝麻油、精盐各6克，味精2克，开水700克，菜籽油25克。

主要做法：把土鸡宰杀洗净，斩成块，用清水浸泡5分钟，去除血水后沥干。净锅上火烧热，淋上菜籽油，放葱段、姜片、蒜粒、辣椒节、配料爆香，再倒入鸡块、鸡杂、鸡腰煸炒5分钟，淋老抽、酱油，放盐翻炒。鸡块表皮紧缩，烹料酒，添热水烧沸。转小火，放胡椒粉，盖锅盖，焖至30分钟后，放味精，淋芝麻油，撒香葱，盛入蓝花瓷盆中即可。

虎皮扣肉

虎皮扣肉本是旧时石塘村民过大年，办红白喜事时才能吃到的一道大菜，现在作为本村农家乐的特色菜肴，随时可以品尝。

主要做法：选用肥瘦均匀的五花肉，过去村民会选用上五花肉，即肥肉多，瘦肉少的猪肋排上剔下来的肉。现在农家乐做的虎皮扣肉，多选用下五花肉，即猪肚子上的肉，

虎皮扣肉

清炖农家土鸡

鱼头豆腐

石塘村委会/摄

称之为“精品五花肉”，瘦肉多，肥肉少，层次分明，符合现代人饮食习惯。五花肉洗净后，放入锅中，加姜、葱、料酒，煮15—20分钟捞出。沥水后在每块五花肉皮上抹老抽上色，锅中放油，油温适当时将肉皮朝下，炸至表面金黄时捞出，置入凉水中浸泡，浸泡时仍然要肉皮朝下。浸泡后的五花肉皮起虎皮状，捞出，切成厚薄适宜的肉块，放入老抽、生抽、葱姜糖等调味品调汁，将肉块先置入小锅中，烧至调味料入味后，置入碗盘中。将肉皮朝碗底码放，上锅蒸30分钟，蒸好后，用另一碗或盘倒扣，让肉皮面朝上，一盘虎皮扣肉完成。肉质酥烂、入味。

石塘村村民还喜欢用梅干菜与扣肉搭配，做成梅菜虎皮扣肉，这也是农家乐的一道传统经典菜肴。

鱼头豆腐

赵村水库胖头鱼，个大体肥。取其头部剖洗净，与豆腐、白菜、水发木耳烧制鱼头豆腐，色泽金黄，质地软嫩，鱼肉鲜香，酸甜可口。

火锅羊肉面

原产于邻镇小丹阳。清末，小丹阳东桥边马家开设茶馆，另开设面食店。店主无意间在面条中加入一些羊肉，味道独特，深受顾客喜爱。后经不断实验、改良，形成当地一道名吃——火锅羊肉面。石塘村发展乡村旅游后，一些小丹阳餐饮业主在石塘开店经营，引进火锅羊肉面。火锅羊肉面即用火锅将羊肉、面条边煮边吃，辅以特制酱料，浓郁醇香。一般每年十月起开始供应，至次年三四月止。

马兰头

石塘村田陌纵横，非常适宜马兰头的生长。村民们用马兰头入菜也由来已久，石塘村民用马兰头做菜的方法有许多种。

清炒马兰头　主要做法：采摘春天鲜嫩的马兰头，清洗完，放香油、蒜瓣清炒，这是最能保留马兰头原味的做法，口感清冽，马兰头味辛微麻，吃完还有回甘的感觉。

凉拌马兰头　主要做法：马兰头焯水、沥干、切碎，加盐、生抽、香醋、麻油凉拌。凉拌时，还可以加入本地的香干、豆腐或花生米，滋味各有不同，是深受大众喜爱的下酒、佐餐菜肴。

晾晒马兰头　春天收获马兰头多，吃不完，村民将之焯水后，晒干储存。用马兰头干烧五花肉，也是当地一道风味独特的待客菜肴。

富强民主文明和谐
不忘初心

精神文明

石塘村自古民风淳朴。20世纪80年代起，全村响应号召，全面开展“五讲四美三热爱”“八荣八耻”等宣传教育活动。2013年以后，石塘村着重在村民中树立社会主义核心价值观，开展文明村创建、文明家庭创评和石塘好人评选活动，提高村民素质和社会文明程度。2013年5月，石塘村按照《江宁区文明示范村（社区）创建管理办法》要求，制定《石塘村2013—2015年环境综合整治暨省级文明村建设规划》《打造文明乡村、共建和谐家园实施方案》，开展创建江苏省文明村活动，评选出区级以上“好人”和新风文明典型51人。

文明村创建

童心向党

文明宣传

2013年，石塘村在党群社区服务中心，竖立200米长的精神文明宣传长廊，设有50多个橱窗，展示社会主义核心价值观、学习中共十九大精神和精神文明建设、村规民约、文明乡贤、善行义举等内容。之后陆续在各村、竹海景区及旅游大道、健身步道等处，设置橱窗、道旗、横幅、灯具、小品，介绍历史文化和旅游特色，宣传精神文明。社区建立景区官方网站、微信公众号平台和便民服务群，登载传播精神文明先进人物事

骑游石塘景　　张正文 / 摄

迹，引导形成社会主义新时期乡村新风尚。

文明新风

道德讲堂　自2013年起，石塘村开办道德讲堂。讲堂以做遵纪守法公民为基本要求，核心内容是宣扬高尚的社会公德、职业道德、家庭美德和个人品德。讲堂贴近实际，贴近生活，经常列举村中的人和事，教育人们从日常小事做起，从我做起，常为义善之举，常做有益之事，争做文明村民。至2019年，道德讲堂共举办55期，参加听课近千人次。

未成年人教育　石塘村以《中小学守则》《中学生日常行为规范》为参考，撰写未成年人教育资料，通过线上、线下各种方式，对未成年人开展法律法规，村规村纪教育，指定专人帮教留守儿童和有不良行为的未成年人，组织未成年人参加"喊春节"等丰富多彩的传统文化活动。至2019年底，组织未成年人观看宣教内容7次，组织各类有利身心健康的兴趣活动14次。

志愿者服务站　2014年3月，石塘村成立志愿者服务站，维护村民利益。志愿者服务内容有义务巡逻、帮困扶贫、环境维护、关爱老人、便民服务等。参加志愿者服务的人员有120余人，占总人口的10%。2014—2019年，举行较大规模活动68次。仅2018年，志愿者便民服务组为民服务387人次，深得群众好评。

群众文化建设　石塘村高度重视传统村落氏族文化建设。在传承传统文化遗产方面，翻修王氏宗祠，挖掘整理王氏、程氏、施氏、方氏等宗谱。参照延续千余年的16条王氏家训、14条程氏家训，归纳整理出《石塘古训》，勒于石上，置于街头，以千百年来先人的懿行美范陶冶村民。结合石塘村当代实际，制定村规民约、村民公约。在村服务中心、主要道路出入口，设置大型广告牌或宣传栏展示公布。通过广播、印制发放村民手册，村民对本村村规民约、村民公约知晓率达80%以上。

在传承优秀传统文化的同时，开展积极健康的文化娱乐活动。新建文化活动中心、文化广场，开办图书阅览室，成立村文艺队，开办公益古筝班；邀请专业文艺团体来村演出，不断丰富群众文化生活。

文明家庭创评

2013年起，石塘村开展“文明家庭”创评活动。评选分为学法守法、履行义务、文化教育、勤劳致富、团结互助、敬老养老、教育子女、计划生育、相信科学、讲究卫生，共计10个方面内容。2013年6月，全村368户家庭参加评选，评出文明家庭90户。同年，石塘村汪明华、汪明国家庭被评为街道文明家庭。2014年，开展“美丽家庭”评选活动，评选“勤劳生活美、环境整洁美、平安和谐美、爱心品德美、文明素质美”家庭，共50户，其中五星级10户、四星级38户、三星级2户。

2015年，村委会完善文明户创评办法，评比结果通过板报、橱窗等形式进行公布，并颁发奖牌。全村开展“告别陋习，走向文明”主题实践活动，针对“乱倒（扔）垃圾、乱堆（放）杂物、乱停（放）车辆、闯红灯、占道行驶、乱种植物、乱贴乱画、损坏公物、破坏绿化、随地吐痰”等10个方面陋习，发动村民自查，组织人员巡查、监督、勒令纠正。村妇代会作“和谐家庭，与我同行”专题讲座，引导妇女在促进家庭和谐、社会和谐中发挥作用。同年，石塘村潘世芳家庭被评为江宁区横溪街道文明家庭。

2017年10月，党总支和妇代会结合开展“美丽家庭”评选活动，表彰亲似母女的好婆媳、互敬互爱的好夫妻、教子有方的好家长、尊老孝老的好子女、情如姐妹好妯娌等优秀家庭角色12对。2018年，全村452户家庭参加“文明家庭”评比活动，438户达标，达标率占96.92%。

善人善举　石塘村文明村创建工作取得显著成效，涌现出许多善人善举。村建房管理员杨尧负责环境卫生工作，认真完成本职工作。每逢节假日和周末，村里游客众多，车辆拥堵，见此情景，杨尧主动协助城管，在最繁忙的路口疏导车辆，指引游客。易俊、宋长清、王宜孝、陈宝珍、陈先兵等村民捡到游客的贵重物品主动上交，积极寻找失主。

附1：村规民约

秀丽村庄，自然风光。

你我同住，共同呵护。

邻里团结，互帮互助。

尊老爱幼，家庭和睦。

倡导新风，文化繁荣。

爱护公共设施，维护集体利益。

积极勤劳创业，发展生态经济。

文明礼貌用语，诚信热情待客。

主动提供帮助，保障游客安全。

提倡移风易俗，树立文明新风。

自觉维护生态，不乱丢乱放污染河道。

维护公共秩序，不乱拉客不占道经营。

保持道路畅通，不乱停乱放阻碍交通。

建房服从规划，不私搭乱建影响村容。

遵守信访条例，不违法违规越级上访。

和谐邻里，传承美好家风，安享幸福生活。

共治共享，守护绿水青山，共建美丽石塘。

2013年6月

附2：村民公约

一、热爱祖国，热爱石塘，村民和睦，维护安定。

二、热爱劳动，爱岗敬业，诚实守信，勤俭节约。

三、遵守法纪，维护秩序，见义勇为，弘扬正气。

四、美化村容，讲究卫生，绿化村庄，保护环境。

五、崇尚科学，尊师重教，自强不息，提高素质。

六、敬老爱幼，拥军爱民，尊重妇女，助残济困。

七、移风易俗，健康生活，计划生育，增强体质。

八、举止文明，礼貌待客，胸襟大度，助人为乐。

2013年6月

附3：石塘古训

清朝石塘人制定类似村规民约的“石塘古训”，刻于石上，置于九里街头。

孝悌家庭顺，清忠国祚昌。

礼恭交四海，仁义振三纲。

富贵由勤俭，贫穷守本良。

言行防过错，恩德应酬偿。

正大传耕读，公平作贾商。

烟花休入局，赌博莫从场。

族党当亲睦，冤仇要解忘。

奸谋身后报，苛刻眼前光。

王法警心畏，阴功用力禳。

一生惟谨慎，百世有馨香。

附4：2011—2013年石塘村被江宁区精神文明指导委员会授予的“美丽家庭”户名单（51户）

阮兴根	徐大兰	李万生	程起祥	程起才	姜　飞	王宜成	程起金
王宜甫	程学保	王胜宝	程起明	王宜孝	汪明华	汪明国	汪明宝
程学道	姚忠诚	胡德付	林茂高	毕书兰	程学忠	戴家国	王元华
汪令祥	方崇祥	王允国	王　军	李万明	王胜元	胡茂宝	胡德清
杭承荣	王宜忠	王德振	程起银	程起堂	程官宝	王胜飞	王宜金
汪传道	姚忠金	王允祥	王宜国	戴家才	居来章	林绍田	程起龙
程起和	王宜仁	程起玉					

石塘村2009—2018年获南京市级以上称号一览表

表3

表彰时间	称　号	授奖单位
2009年	南京市环境保护单位“绿色社区”	南京市环境卫生委员会
2011年	江苏省四星级乡村旅游区	江苏省旅游局
2011年7月	江苏省最具魅力休闲乡村	江苏省农业委员会
2011年9月	全国生态文化村	中国生态文化协会
2011年12月	全国休闲农业与乡村旅游示范区	农业部、国家旅游局
2012年12月	南京市十佳魅力乡村	南京市统计局
2012年12月	全国休闲农业创意精品推介活动“创意优秀奖”	农业部
2012年12月	全国最美村镇奖	中国最美村镇评选活动组委会
2012年12月	全国魅力新农村“十佳乡村”	第五届新农村电视艺术节组委会
2013年	中国乡村旅游模范村	国家旅游局
2013年8月	南京市第五届新农村电视艺术节“魅力”新农村“十佳乡村”	南京市第五届新农村电视艺术节节目组委会
2013年10月	江苏最美乡村	江苏省文明办、旅游办、农委、广电总台
2013年11月	全国最美村镇典范奖、宜居奖	农业部
2013年12月	江苏省社会主义新农村建设示范村	中共江苏省委农村工作领导小组
2013年12月	南京市“最美乡村”荣誉称号	南京市精神文明办公室
2013年12月	文明社区最美乡村	南京市精神文明办公室
2013年12月	南京市“十佳魅力乡村”	中共南京市农村工作委员会
2014年1月	江苏省社会主义新农村建设示范村	中共江苏省委农村工作领导小组
2014年2月	美丽乡村示范村	中共南京市委、南京市政府

续表3

表彰时间	称　号	授奖单位
2014年3月	南京市第十九届综合实力“百强村”	南京市统计局
2014年11月	江苏省生态村	江苏省环保厅
2014年12月	江苏省和谐社区建设示范社区	江苏省民政厅
2014年12月	江苏省优秀精神文明创建示范单位	江苏省精神文明建设指导委员会
2015年1月	中国最美乡镇贡献奖	中国最美村镇评选活动委员会
2015年12月	江苏省和谐示范社区	江苏省精神文明办公室
2015年12月	南京市第十二届（2014年度）郊区综合实力百强村	南京市统计局
2016年1月	南京市文明村（2013—2015年度）	南京市精神文明指导委员会
2016年9月	江苏省文明村	江苏省精神文明指导委员会
2017年	江苏省五星级乡村旅游区	江苏省星级旅游区评选委员会
2018年12月	江苏省“旅游百佳单位”	江苏省旅游局
2018年12月	江苏省生态文明建设示范村	环保厅

石塘村2019年度宣传报道一览表

表4

时间	媒体	版面	标题
11月4日	新闻联播	电视新闻	全国政协主席汪洋视察调研石塘村“溪山居”政协委员工作室
3月25日	人民日报	02要闻	年轻人回乡　闲不住（新亮点中看变迁）
10月21日	人民日报	01要闻	“我准备大干一场”（身边看“六稳”④）

续表4

时间	媒体	版面	标题
9月9日	新华日报	第12版	一房难求，只缘美景不再“险以远”
8月16日	CCTV	电视新闻	【壮丽70年 奋斗新时代——共和国发展成就巡礼】江苏：“五朵金花”到“金花朵朵”
12月6日	乡村干部报	第1版	江苏命名首批“百名示范”村书记
11月20日	人民政协报	第1版	江苏省南京市江宁区政协打造“商量书房”记事
9月10日	南京晨报	第A06版	横溪石塘村景 在国家博物馆展出
9月25日	南京日报	第A06版	江宁新时代全域旅游高质量发展“新样本”
10月10日	南京日报	第A04版	横溪街道：“瓜为媒”，走美丽乡村特色发展路
9月27日	南京日报	第T03版	江宁从“五朵金花”到“金花朵朵”
5月20日	南京零距离	电视新闻	南京零距离欢乐送走近江宁石塘村石塘人家

7 乡土文化

石塘村地处丘陵，村民在劳作过程中产生了一批具有苏皖特色的民歌民谣，方言沿袭吴楚古音，谚语、歇后语诙谐、生动、形象，反映出石塘人勤劳向上的品格。在漫长的历史进程中，石塘人还大胆想象，把自然景观和人文历史融合在一起，产生了大量的民间传说，如公鸡山和母鸡山、狮背伞、施万户等，脍炙人口，至今传诵。

民歌民谣

山歌

山歌一唱口难开，樱桃好吃树难栽；白米好吃田难做，粑粑好吃磨难挨。

山歌一唱不回头，姐叫小郎莫打牛；人在家里吃白米，牛在山上啃草头。

山歌一唱忘得多，多年山柴长成棵；多年镰刀锈住口，多年媳妇熬成婆。

山歌好唱下田冲，不唱山歌力不中；耕地无牛空起早，庄稼无粪枉费工。

插秧歌

插秧要插扁蒲秧，娶亲要娶胖姑娘；秧好能得高产量，爹娘强壮养健郎。

山歌唱个又回环，歌曲凤凰戏牡丹；牡丹绣在鞋头上，看花容易绣花难。

我领唱来你们伴，菜篮提水爬高山；鸡蛋撞碎鹅卵石，老鼠啃断铁门杆。

吃过午饭又喝茶，富家丫头学骑马；不种田地吃白米，不纺棉花穿罗纱。

吃肉穿绸有钱人，糠米破衣种田人；世上这般不平等，哪年才能翻个身?

车水歌

吃过早饭往前走，快步走到车步口；手扶车担脚蹬球，出川水龙满田游。

吃过中饭往前跑,飞步河边车满潮；千流万水不息劲，救了多少青稞苗。

打麦歌

打起麦来就唱歌，一唱一和笑呵呵；去年收了八百担，今年高产万把多。

打起麦来就唱歌，一唱一和笑呵呵；从前打麦用连枷，如今电机功效多。

打起麦来就唱歌，一唱一和笑呵呵；歌唱党的政策好，歌唱丰收喜讯多。

龙船歌

每年春节后，村里组织划船的队伍，他们划着花船（旱船）挨家逐户去拜年，恭贺新春。每到人家门口，都要唱歌，内容多为祝福语、吉祥话，其歌词如下：

锣鼓一打叮铛响，一到府门把眼观，大红对联贴两旁，左边贴的是福禄寿，右边贴的是寿八仙，福禄寿来寿八仙，子子孙孙做高官，风吹牡丹呀！

正月里草香又香，二月兰草长满岗，三月桃花红似火，四月鹊梅爬满墙，五月栀花人人爱，六月荷花长满塘，七月莲花结莲米，八月风吹桂花香，九月菊花好做酒，十月霜打树头光，冬天小雪纷纷下呀，腊月还有腊梅花。

锣鼓一打喜盈盈，听我唱本上大人，上官得了高官做，大官两脚达龙门，人在人前会讲话，孔夫子能言是圣人，一人只有一个胆已多，背后不要说人啦。

本想把小船往里赶，门小船大不能靠边，只等八月秋收后，贤东又把楼房添，我再将小船往里赶啦，我在府上多玩几天。头层有楼二层天，三层里面挂八仙，风吹牡丹呀！

锣鼓一打喜盈盈，府上有个老寿星，牙齿掉了又重长，头发白了又转青，长生不老不老长生。

多年没有把船撑，肚里的歌儿忘干净，手拿云板打不响，接到船篙不能撑，见笑一班玩友们。

天连地来地连天，龙连大海虎连山，观音连的白雀寺，张郎又连白云禅，三层大佛连的是莲花灯，出家之人连着庙，只有我们无有的连，手拿划杆连龙船。

锣鼓一打喜盈盈，歌师爱玩我也爱玩，你们玩的是龙戏水，我们玩的是虎翻山，龙戏水来多好看，虎翻山来多为难呀，多为难！

你家又到他家来，两家财门大大开，昨日开门招财进宝，今日开门招船来，你时时发财呀发大财！

小小红线七寸长呀，大红对子贴在两旁。我问对子哪家写呀？大老爷出对，二老爷写，三老爷做官还没回来。

教子歌

有位农妇带着儿子去地里看棉花长势如何，在地里她唱了这首歌，教育儿子，要像棉花一样，能忍受风霜，才能成为有用之材。母亲唱道：

一朵棉花心叶开，新的棉絮吐出来。

为人在世先艰苦，先苦后甜有花开。

瞌睡歌

从前，村里儿媳妇每天都要起早睡晚，侍奉公婆，料理家务。儿媳妇睡眠严重不足，深感痛苦，又讲不出口，就私下吟唱瞌睡歌，用以发泄，又聊以自我慰藉。至今瞌睡歌在农村老年妇女中仍然流行，其内容如下：

瞌睡金来瞌睡银，瞌睡来了不留情。

巴不得公婆走亲去，一觉睡到大天明。

瞌睡金来瞌睡银，瞌睡来了不留情。

巴不得公婆活千岁，把我小媳妇带成人。

方言土语

称谓用语

姑娘	对未出嫁女子或晚辈女子称呼
丫头	对女孩或爱女的称呼
小把戏	对小男孩的叫法
惯宝贝	指家长溺爱的小孩
老爷家	对已婚男子的称呼
晚老子	继父
晚娘	继母
大爷子	丈夫的哥哥
小叔子	丈夫的弟弟
舅母子	妻子兄弟的妻子
姨老儿	妻子的姐夫或妹夫

日常生活生产用语

老外	外行
拆佬	调皮捣蛋或言行反常的人
癫狂鬼	好表现，喜欢卖弄的人
二五	言语行为不合常规的人
婆婆妈妈	说话做事琐碎过细
屁儿汤	说话不算数

拉瓜	不会料理生活，乱糟糟的
达僵	做事不顺，处境尴尬
夹生	为人不随和，不好相处
犯嫌	讨厌
臆怪	不忍看，讨厌，难看
拿桥	指有本事不肯拿出来
刷刮	做事利索
背时	不走运
划廉	合算、便宜
盘嘴	搬弄是非
吵窝子	吵嘴
什搭子	说话重复、啰嗦
堂间	正房
披子	厢房
今儿个、明儿个、后儿个	今天、明天、后天
刺闹	身上不舒服、不爽快
焐燥	天气闷热
摸死了	做事很慢
乌掉了	熄灭，如“灯乌了”，喻指没有希望
乌头	水田薅草用具
抛基	木掀
挖舀（打舀）	挖田间沟
捞塌埂	用泥护田埂堵漏
驾	呼牛行走
喔	呼牛停止
开秧门	第一天栽秧
跑马水	田里上水后立刻放掉
歇畔	干活中间休息
打叉	生病
香茶	中药
退槽	猪生病不吃食

谚语

生活谚语

吃不穷，穿不穷，算计不到一世穷。

远亲不如近邻，近邻不如对门。

车到山前必有路，船到桥头自然直。

好男不争祖产业，好女不争嫁时衣。

冷菜冷饭能吃，冷言冷语难受。

山中无大树，茅草也为尊。

喊人不蚀本，舌头打个滚。

礼多人不怪，油多不坏菜。

不是一家人，不进一家门。

小洞不补，大洞吃苦。

强龙斗不过地头蛇。

磨刀不误砍柴工。

害人之心不可有，防人之心不可无。

在家千日好，出门时时难。

衣有三套不破，人有三顿不饿。

要想人不知，除非己莫为。

为人不做亏心事，半夜敲门心不惊。

只有错买的，没有错卖的。

活到八十八，不知瘸和瞎。

女像老（父亲），穿皮袄；儿像娘，银打（砌）墙。

一房好媳妇，三代好子孙。

嘴稳手稳，处处安身。

不怕不识字，就怕不识事。

不怕不识货，就怕货比货。

气象谚语

太阳出得早，天气不会好。

月亮起毛，雨水滔滔。

满天星星把眼翻，来日出门须带伞。

人黄有病，天黄有雨。

四季东风四季下，就怕东风起不大。

不怕初一下，就怕初二阴，初三下雨

十三晴。

有雨山戴帽，无雨河起罩。

早霞不出门，晚霞行千里。

东虹日头西虹雨。

早上雾沉沉，中午晒死人；三日雾浓浓，必定有狂风。

霜前冷，雪后寒。

燕子低飞蛇过道，大雨不久就来到。

家鸡宿迟，风雨即至；死水鼓泡，大风就到。

鹁鸪早叫晴，晚叫阴，中午叫得晒死人。

水缸返潮，大雨难逃。

时令谚语

清明要晴，谷雨要淋。

春寒多雨水，夏寒水断流。

立夏不下，无水洗耙。

一场秋雨一场凉，一场白露一场霜。

雨雪年年有，不在三九在四九。

白露不低头，割了喂老牛。

秋后三场雨，遍地出黄金。

生产谚语

清明断雪，谷雨断霜；清明断浇，谷雨断薅。

处暑萝卜白露菜。

好种出好苗，好秧半年稻。

黄梅天，蓑衣斗笠不离肩。

人是铁，饭是钢，地里无粪庄稼荒。

麦怕胎里旱，人怕老来穷。

稻要养，麦要抢。

干锄棉花湿锄麻，不干不湿锄芝麻。

早起三朝抵一天，抓住闲冬抵半年。

养猪不赚钱，回头看看田。

石塘——绚丽多彩　吴玉忠/摄

歇后语

棺材里伸手——死要钱

狗咬老鼠——多管闲事

鸭子钻阴沟——顾嘴不顾身

过了黄梅卖蓑衣——错过机会

拾芝麻凑斗——积少成多

黄鼠狼给鸡拜年——没安好心

青石板上掼乌龟——硬碰硬

肉包子打狗——有去无回

胸口挂钥匙——开心

大葱烧豆腐——一清（青）二白

秃子打伞——无法（发）无天

脚踏西瓜皮——滑到哪里是哪里

眉毛胡子一把抓——主次不分

关老爷卖豆腐——人硬货不硬

灶老爷上天——好话多说

瞎猫碰到死老鼠——碰巧

狗嘴里吐不出象牙——没好话说

黄鼠狼看鸡——越看越稀

麻雀掉进烟囱里——有命无毛

三棒打不出个闷屁——老实到家了

穿钉鞋拄拐杖——稳而又稳

施万富的传说

相传，施万富家住石塘村，是明初洪武年间的朝廷命官，被朱元璋封为“万户侯”，家里非常有钱，人们称其为施老板或“施万户”。

他官高势大，结识四方豪杰，图谋叛乱。他凭借夜合山的掩护，又得一妖道相助，招兵买马操练。施万富每晚回家谋划，天不亮又赶回京城早朝应卯。从石塘到京城约有70余里，全靠妖道的一匹神马，来去神速，从不误事。不久，施的妻子怀孕。施母认为儿子在朝中久未回家，怀疑媳妇有野男人，于是暗中窥探。一天夜里，施母发现儿子确实夜里回家，便问他，明天怎来得及进京早朝应卯。施万富告诉母亲有神马相助，神马拴在屋后竹园里。母亲到竹园里去看，果真有一匹马。施母心想夜里有露水，马会着凉的，就随手解下自己的围裙盖在马背上。

次日五更天，施万富照常骑马进城。谁知这神马夜里没有得到露水，已不灵光了。刚走出山口，马就直摇头（此地后名“窑头村”）。施万富急得用鞭子狠抽也无济于事。好不容易挨到陶吴镇，东方太阳升起，朝霞像桃花一样红艳（此地后名“桃红村”）。施万富赶到京城，早朝早已退朝了。

朱元璋追问施万富为什么未早朝，他支支吾吾。朱元璋甚是疑惑，立即命军师刘伯温查办。刘伯温查明回奏：施万富阴谋叛乱。朱元璋命刘伯温立即兴师捉拿施万富，剿灭其巢窝。

施万富见阴谋败露，急匆匆窜回石塘村，想提前发难。他刚进村，朝廷大军已到，进村搜捕，施万富插翅难逃了。就在这千钧一发之际，那妖道赶快取出一张黑狗皮铺在地上，手画神符，口念咒语，那黑狗皮忽然变成一条黑船，载着妖道和施万富腾空而起，冲出夜合山，飞向东南方，正撞上那高高的轿子山，只听“轰隆”一声巨响，船毁人亡，那轿子山被冲成两半，形成两座尖峰，这就是现在的“双尖山”。两峰间被黑船冲擦的地方形成一个大豁口，这就是“拖舟豁”，当地老百姓叫它“拖船豁”。

公鸡山和母鸡山

石塘村北面有一座云台山，在云台山东南面，连着云台山的有两座紧挨着的山，一座叫公鸡山，另一座叫母鸡山。它们中间被一条小路隔开，这条小路一头通向山里，一头伸向山外，是行人出山进山的必经之路。这两座山形状很特别，母鸡山山顶尖尖的，比公鸡山足足高出半截。公鸡山呢，分辨不出山顶，矮矮巴巴的，远看活像一只木船，底朝天扣在那里。传说公鸡山原来不是这么矮的，它比母鸡山还要高出一个山头呢。远望它活像一只打鸣的公鸡，人们才叫它公鸡山。母鸡山矮墩墩，像只母鸡蹲在那里下蛋，人们才叫它母鸡山的。

相传，公鸡山和母鸡山以前都是长满各种树木和奇花异草的青山。在两座山的西面脚下有个村庄，叫前石塘。前石塘村和附近一些村庄的人常到这两座山上砍柴、打猎，非常喜欢这两座山。

不久，出了一桩怪事，一天下半夜，山下村庄里的人正在熟睡之中，忽然被“轰”的一声巨响惊醒，顿时觉得整个村庄在山摇地动。人们一个个慌忙奔出家门，谁也不知道出了什么事。突然有人惊叫起来：“看！”大家顺着他手指的方向一望，一个个惊呆了。怎么回事呢？原来村前的公鸡山和母鸡山在朦胧的夜色里慢慢地靠拢！只听见“轰隆”一声，两座山合并到一块了。这一声，震得大家东倒西歪，哭叫一片。到了鸡叫头遍，公鸡山和母鸡山又“轰轰隆隆”响起来了。人们惊奇地发现合拢的两座山竟然又分开了。

天亮后，这两座山跟往常一样，青青绿绿，满山的花草野果，好像什么事也没发生过。村庄上的人吓得再也不敢上山砍柴、打猎了。然后，有几个胆大的小伙子，想上山看

个究竟。刚走到山边，便发现山坡上树叶落了一层。再往两山间的小路上看时，一个大小伙子叫了起来，小路上躺着三具尸体，被压得像个肉饼，血糊漓啦，旁边撒了一地的柴禾。几个小伙吓得拔腿往回跑。后来才知道，这三个人原本是挑柴到四十里路外的禄口镇去卖，为了赶早市，他们半夜就动身了，没想到挑柴走到这山路上遭此横祸。打那以后，这两座山每天夜里就合拢在一起，故又叫“夜合山”。到了天亮又分开，前前后后闹了不少日子，也害死了不少人。

后来发生了一桩怪事，一天下半夜，就在两山向一块合拢时，天空忽然狂风大作，暴雨倾盆，眨眼工夫，搅得天昏地暗。这时一道闪电划过，把整个大地照得通亮。“咔嚓”一个响雷，震得房顶咯咯作响，接着又是一道闪电，像一条火龙直冲公鸡山，围着山腰划了一圈，紧跟着一个惊天动地的炸雷，把公鸡山拦腰劈断，把山的上半截抛向天空，接着又一个响雷，把公鸡山山头炸得粉碎。雨住雷停，打这以后，公鸡山就没有母鸡山高了，公鸡山和母鸡山夜间再也没有靠在一起了。

听老辈人讲，玉帝知道两山夜间相合时，夹死了不少行路人，派雷公来劈山捉拿鸡妖，为百姓除害。至今，若有人不安好心，晚上出来干坏事，村上人还会这么骂：“坏良心，明个还不像公鸡山一样遭雷劈！”

九里十三缸

石塘村有一个“九里十三缸”的传说，说很久以前，有一个巨富财主看石塘村山环水绕，认为这里是一块风水宝地，决定将家中的财宝埋藏在石塘村。他怕宝藏暴露，便将山上泉眼打开，沿泉建房成景，隐匿和保

石塘人家全景　　石塘村委会/摄

前石塘村民生活小景　　吴玉忠/摄

护宝藏。后人都羡慕这笔财富，纷纷寻找，都求而不得。再后来传闻四起，说是，若要得到“九里十三缸”，就问江、白二姑娘。那么，究竟是九里内的十三缸，还是九里以外十三缸，还是九棵李子树下的十三缸，江、白二姑娘又在哪里，人们百思不得其解。

村上还流传着顺口溜：“九步十三缸，围绕来龙岗，空空五大仓，形似梅花桩。”并解释说十三缸就埋在来龙岗周边，每走9步，地下各有5个大缸，缸内有空有实，且5个缸像梅花桩一样排列着，走准9个9步，才能找到13缸财宝。这种种说法，无从考证，越传越神，成为人们津津乐道的话题。传说中的财宝是找不到了，而如今泉水叮咚响的九里街，梅溪河边鳞次栉比的饭店客栈，却让村民日进斗金，富贵连绵。

“狮背伞”的传说

“狮背伞”是在一块巨大狮子形石头上生长的一棵榉树，如狮子背上张开的绿色伞盖，故名狮背伞。在石塘人家村民心目中，狮背伞是村里的保护神，在狮背伞的庇护下，村民世代安居乐业，人丁兴旺，五谷丰登。至今，村民们仍有在树枝上挂红带祈福许愿的习俗，认为神树神石灵验，从不辜负村民。

相传在很早以前的一个春节，外地来了一个玩狮的队伍，进村玩狮子，恭贺新春，过后村里发生了十分悲惨离奇的事情，十多名青年相继患病而亡。村里人感到十分悲痛，也很不理解，纷纷埋怨当年不该让外地玩狮人进村玩狮子。从那以后，人们认为村里玩狮子会激怒石狮，于是立下一个规矩，本村人不得玩狮子，也不让外村人进村玩狮子，以求村里太平。直至今日，玩狮子活动仍在村中禁绝。

狮背伞　石塘村委会/摄

8 民风民俗

石塘村民在生产生活中仍沿袭古老质朴的民风习俗，生产习俗主要有：坺土、浸种、开秧田门、上工等；生活习俗主要有：衣饰、饮食、居住、出行等，岁时节俗类似苏皖交界地区。人生礼俗，如婚、嫁、丧、喜、庆等，仍保留了过去好的传统，又崇尚移风易俗、文明节俭的新时代社会主义精神文明新风尚。

生产习俗

坺土

坺，发土也。《国语·周语》：王耕一坺。

旧时，正月初四或初八日，农家主人带香纸爆竹到自家田里，面朝黄历书上标注的吉利方向站定，焚烧香纸，燃放爆竹，手拿铁锹喊一声“哎色色累”，挖一棵稻根带回家，盛在堂屋的香炉里。农家主妇向坺土人奉上一杯茶，以示感慰。此俗今已不存。还有些地方，正月里第一次挑水或第一次下田，都要燃放一串鞭炮，祈求一年有个好的开头。

浸种

清明节前后泡稻种，叫浸种。浸种的缸或盆子要插上柳树枝，放一把镰刀，喻义秧苗像柳树一样易于成长，镰刀用来驱除邪祟。此俗今已不存。

开秧田门

旧时，每年第一次下田栽秧，称开秧田门。农家主人点一炷香，在秧田边绕一圈，香气馥郁，然后燃放鞭炮。秧栽完后，举行类似仪式，称“关秧门”。

上工

工匠上门做活，东家要杀鸡，买肉、酒、烟，办开工酒。盖房子动土、挖地基、上门头，都要给瓦木匠送烟、糖果。裁缝上门做衣服，第一天办酒席，称为“开剪”，未过门的媳妇也要参加聚餐。

石塘农家乐　　石塘村委会／摄

生活习俗

衣饰

本地民间服饰朴素大方。旧时衣着贫富悬殊，贫者多为粗布衣，富人则穿细布丝绸。冬季富人穿裘皮，穷人没有棉衣裤穿，大多数穷人常年穿补丁衣。雨天，富人打雨伞、穿钉鞋或靴子。穷人则穿蓑衣，戴斗篷，用草编蒲鞋，讲究点的编进鸡毛。男式上衣为对襟，布纽扣。女式上衣则穿大襟，布纽扣。

中华人民共和国成立后，人民生活逐步改善，服饰不断变化。20世纪50年代，穿细布、咔叽布。60年代穿平绒、灯芯绒、府绸等。70年代则多用的确良、涤卡、中长等化纤布料。80年代，发展为用呢料、毛料。男装从中山装、解放装，到西装、夹克、皮装。鞋子的样式也从布鞋、解放鞋，发展到皮鞋、运动鞋、旅游鞋。

饮食

本地盛产稻麦，食粮以大米为主。麦收季节，多吃面条、粑粑、疙瘩头等。春节吃年糕、糍粑、炒米团等。正月十五元宵节吃元宵。端午节吃粽子、绿豆糕，吃"五红"：河虾、黄鳝、苋菜、咸鸭蛋和雄黄酒。八月十五中秋节吃月饼和时令蔬菜、板栗、水果等。腊月初八吃腊八粥。除夕餐桌最为丰盛，家中成员少，也要做足十大样。有的还烧千张、百页、韭菜，象征菜品之多，有成百上千样。必做一条整鱼，叫"元宝鱼"，当晚不吃，象征"连年有余"。

饮食习惯一日三餐。夏天白天长，午饭、晚饭之间，加一餐，富人、贫人、长工伙计都吃，叫吃"点心"。穷人农闲时吃两餐，早饭和午饭合在一起吃，叫"连中带早"。旧时早晚餐吃稀饭，中午一餐干饭。进入21世纪，村民早上吃早点，喝牛奶、豆浆，晚餐也吃干饭。本地人多喜甜食，也有喜吃辣的，烧菜多放糖或辣酱。

居住

旧时住房贫富悬殊，富者多砖墙瓦屋，几进院落，穷人多为低矮的土墙草房。盖房前多请阴阳先生勘察地势地形，名为看风水，动工要选择良辰吉日。

盖新屋，特别重视上房梁，仪式隆重。选定吉日，主人给瓦木匠每人一条糕、烟、酒、一个红纸包，拜托大家把房梁装好、装牢。亲友们带着上梁红绿布、鞭炮、鱼、肉等来祝贺，名为"上梁"。主家设宴答谢。

新灶砌成当天，亲朋买豆腐、猪大肠、

九里街游乐设施　　石塘村委会/摄

鞭炮等礼品，为东家庆贺，用肥肉擦锅，使之油润，名为“暖灶”。主家设宴答谢。

中华人民共和国成立后，看风水、择吉日的习俗逐渐消失，上梁、暖灶等习俗逐渐淡化。民众造屋，多采用砖瓦结构，后来流行带走廊。20世纪90年代，农村流行盖楼房。21世纪初，农村普遍盖起了楼房，卧室、会客厅、厨房、卫生间，一应俱全，结构合理、功能完善，实为乡间别墅。

出行

旧时出门，富者骑马坐轿，普通人骑毛驴，穷人则徒步行走。出远门要看日子，有“七门不出，八家不归”之说。妇女不过正月初七不能进邻居家门。初出生的小孩，要由母亲背着或抱着出门，并在锅底下摸点黑灰，点在小孩的双眉之间，称之为“顶着锅底子出门”，以图避邪保平安。

中华人民共和国成立后，陈规陋习逐渐消除，出门工具发生重大变化，20世纪六七十年代骑自行车，80年代起骑摩托车，20世纪末至21世纪初，小轿车逐步进入农户家庭，成为村民们日常出行的主要交通工具。

进梅

6月上旬，梅雨天将至，民间有吃仔鸡的习俗，尤其是即将进入青春期的少年男孩，这天要吃一整只仔鸡，村民认为梅天吃仔鸡滋补身体，促进发育。此习俗至今犹存。

岁时节俗

农民丰收节

岁时节俗是指一年中按时序展开的有时令特点的节日风俗活动，分为传统节日风俗和时令节日风俗。传统节日中，“春节”最为盛大，还有“元宵节”“清明节”“端午节”和“中秋节”。时令节日较多，有“二月二”“三月三”“四月八”“六月六”“七月七”“九月九”“腊八节”“冬至”等。相关庆祝和避忌的习俗流传至今。

传统节日

春节　农历正月初一是春节，俗称“过年”，为一年中最盛大的节日。年前，即腊月二十三或二十四“送灶”。当天晚饭后，家主烧香，焚纸，放鞭炮。送灶老爷上天，祈求灶老爷“上天奏好事，下界保平安”。腊月二十七掸尘，家家户户都要清除各个角落的灰尘污垢，干干净净迎新年。

腊月三十（月小二十九）称为“除夕”。各家备齐年货，下午门上张贴春联，门头上张贴红钱、福字，备好供品祭祖敬神，然后全家人团聚吃“年饭”。年饭特别丰盛，要足够3天食用，意在年年有余。年饭后，将锅灶碗筷洗刷干净，开始“接灶”，家主焚香烧纸，边走边撒“马料”（用12根稻草剪成碎断，给灶老爷喂马），接灶老爷回厨房，主妇叩拜。年饭后，长辈还要给晚辈“压岁钱”。晚上，全家人欢聚一堂，吃零食，闲聊，尽情取乐，直到深夜12点，称为“守岁”。如今多观看“中央电视台春节联欢晚会”，守岁迎春。零时一到，家家燃放鞭炮、烟花，为“开财门”。新年第一天早上喝糖茶，吃鸡蛋、面条、年糕。早饭后，邻家相互拜年，称为“道吉”。晚辈带上礼物给长辈拜年，相互来往，宴请为欢多日。过春节、贺新年习俗仍存。

元宵节　农历正月十五是元宵节，亦称上元节，又叫灯节，俗称“过小年”。旧时元宵节前后历时6天，正月十三为上灯节，挂灯笼，吃元宵，祭祖先，给新出嫁的女儿送彩灯和元宵，名为“送灯”。正月十五为元宵节，也即“过小年”。早餐吃元宵，中午和晚上菜肴丰盛。正月十八为落灯节，祭祖先，吃面条，有“上灯元宵落灯面”之说。孩子们提着大人做的兔子灯、蛤蟆灯、西瓜灯等各色灯笼，到处戏耍。还有花灯、龙灯、狮子灯、马灯、旱船等游艺活动，热闹喜庆。如今过小年习俗仍存。

清明节　清明节为祭祖扫墓的节日。农民在田间踏青，祈获丰收，家家户户在门上插杨柳，妇女头戴杨柳枝。如今清明祭祖扫墓之风仍存。

端午节　农历五月初五为端午节。旧时各家门口插菖蒲、艾条，门上贴钟馗像，在堂屋的梁上贴端午符，以避邪恶。外婆给外孙送五色绳，孩童手腕上、脚颈处套五色绳，背端午符，穿老虎鞋，以趋吉避邪。早餐吃粽子、绿豆糕，中午要有“五红”（河虾、黄鳝、苋菜、咸鸭蛋和雄黄酒），室内庭院遍洒雄黄酒，以驱“五毒”（蝎、蛇、蜈蚣、壁虎、蟾蜍），晚餐也丰富。如今端午吃粽子习俗仍存。

中秋节　农历八月十五日，居秋季正中，所以叫中秋节，这时月亮最圆，散处各地的亲人回家团聚，又称“团圆节”。晚宴丰盛。月上时，在庭院摆放桌椅，桌上摆月饼、石榴、藕、菱角、梨子等，焚香祭月神，祈求生产丰收，人畜平安。月亮圆满，秋高气爽，是赏月饮啖，感恩家人团聚的最佳时刻。庆中秋习俗仍存。

时令节日

二月二　农历二月初二，节日内容有两项，一为祭祀土地神，祈佑丰收；一为接出嫁女儿回娘家。谚云：“二月二，龙抬头，家家户户接活猴（婚嫁女）。”二月雨量渐增，农村即将开始春耕生产，农民把牛牵到田里试耕几犁，以示春耕开始，寓意丰年在望。又趁农忙前的空闲时间，接女儿回娘家住几天，以慰思亲之情。人们还在这一天理发，因为有“正月剃头死舅舅”的忌讳，所以人们出正月才理发。民间传言，二月二龙抬头，人们相信这一天理发吉利，好运连连。

三月三　农历三月初三，家家户户用荠菜煮鸡蛋，说是吃了可以消灾祛病。现在此习俗仍存。

四月八　农历四月初八吃乌饭。此时夏季初至，本地还流行给新出嫁的女儿“送夏”，即送夏令衣、扇、食品，让女儿转赠姑嫂，希望她们和睦相处。四月八吃乌饭的习俗仍存。

六月六　相传农历六月初六是玉皇大帝晒龙袍的日子。民间家家户户趁江南梅雨季已过，季夏日照尚烈，翻箱倒柜，暴晒衣物、鞋帽、家谱、书籍，以防霉烂、虫蛀。妇女也赶在这一天洗头晾发。

七月七　农历七月初七，旧称“七夕”。旧时妇女们于此夕祭祠河鼓、织女二星，以追慕天上织女的工巧和牛郎织女一年一度鹊桥相会的恩爱，故又称“乞巧节”“女儿节”。如今七月初七演变为情人节。

七月十五　农历七月十五为祭祖节，俗称“七月半”，又称“中元节”“鬼节”，是一个斋戒、祭先的日子。其风俗活动有道教系统的普度，佛教系统的盂兰盆会，其仪轨往往相互渗透，融为一体。

九月九　农历九月初九，古称“重九节”，又叫“重阳节”，是一个以敬老、登山、思亲为主题的传统节日。重阳节有佩茱萸，食重阳糕，饮菊花酒的习俗。到了重阳节，螃蟹最肥美，又有吃螃蟹过节之风，谚云“清明螺丝端午虾，九月重阳吃爬爬（螃蟹）”。

如今把重阳节这一天定为“老年节”，传承敬老之风。

冬至　冬至在农历十一月，阳历多在12月22日，又称“至日”“长至”“大冬”“交冬”，冬至是严寒的开始，又值阴气极满，阳气始复，故而是非常重要的时令节日，民间有“冬至大似年”之说。文人到冬至，有涂“九九消寒图”，轮流举办消寒会等雅事。民间，冬至最重要的活动是祭祖。俗话说：“早清明，晚冬至，不早不晚七月半。”冬至祭祖活动多在晚上举行。

在食俗方面，大江南北均有“冬至馄饨夏至面”之说，近年来，又流行吃饺子。南京人冬至主要吃豆腐，一是小葱烧豆腐，寓意“一清二白”，二是冻豆腐，豆腐在室外冻成冰，内部起孔洞，能吸收卤汁，分外可口。

冬至是一阳起复的吉祥日子。谚云：冬至打灶，不忌。这一天打灶，会带给全家吉祥、如意。

冬至起开始“打春”，一行人组成锣鼓队，能出口成章者领头，进入有钱人家，说一连串吉祥喜话，主人赐以钱米。

腊八　农历十二月初八为“腊八节”，有煮食腊八粥的传统风俗。腊八粥以糯米、花生仁、红豆、枣、松子、瓜子、南瓜等一锅煮成，清香甜美，健胃生津，老少皆宜。腊八风俗中含有浓厚的迎年成分，人们在吃着香喷喷的腊八粥时，已在盼望新春的到来，在心中筹划迎接热闹喜庆的新年。吃腊八粥的习俗至今犹存。

礼俗

人的一生大致经过诞生成长、结婚成家、衰老死亡三个阶段，这是人生中三次重大变化，因而引起人们极大关注。在这些人生的重要关口，人们普遍会产生迷惘，兴起祈愿和梦想，从而产生了丰富的人生礼俗，这些礼俗涉及两性观、人口观、种族观、世系观、生死观，蕴含着深厚的文化内涵。

人生礼俗又称为“通过礼俗”，每一个人生礼俗标志着通过人生的重要关口，进入下一个阶段，象征着个体的成长，格外受到人们的重视。

婚嫁

旧时男女婚姻皆听从父母之命、媒妁之言，讲究门当户对。婚嫁仪式以隆重为荣，好大操大办。办喜事要预先选好日子，每到腊月，婚嫁更多，俗话说：有钱无钱，娶个老婆过年。

结婚前先要订婚。订婚前撰庚帖，清楚写明生辰八字，叫“押八字”。先由媒人将女方用草纸书写的八字交给男方，若相配，改用红纸书写，寓意八字相合，可成婚配。男方送给女方新衣鞋袜、金银首饰及茶叶果品等，叫“下小礼”，又叫“下定”，表示双方定亲。定亲后，双方不得反悔，有“四两黄茶压千斤”之说。

定亲后，男方择日，准备通信包，即将一条糕分两半，用红布包裹，连同金银首饰、银钱衣物等送至女方家，叫“下大礼”或“下聘”。若女方拒收，表示对彩礼不满，男方须增添彩礼。

到了双方择定的婚庆吉日，男方用花轿迎娶。新娘沐浴更衣后，由兄长或其他亲人抱入花轿，媒人领路，燃放鞭炮，高举彩灯，锣鼓唢呐吹吹打打，送嫁亲友随行。到达男家，将花轿停放于厅堂里事先放置好的大圆竹扁子上，表示新娘初到，不宜见天着地，公婆亦须回避，意为日后避免口角。新娘下轿，由搀亲人搀扶，从一只只麻袋上走进新房，寓意代代相传。新郎新娘同在新房里吃红鸡蛋，叫“子孙蛋”，象征后世子孙兴旺发达，然后在厅堂“拜堂”，新郎新娘行一跪三叩头礼，拜天地、父母、长亲。喜宴一般开在晚上，喜宴过后，开始闹新房，不论长幼均可对新娘打趣、戏谑，所谓“新房中三天无大小”。闹房后，青少年8—10人陪新郎吃送房酒或茶，唱送房歌，给新郎披红布，放鞭炮，把新郎送入洞房（称为送房）。新郎新娘守候花烛，将一对花烛同时点完，不让中间熄灭，寓意夫妻可白头偕老，这就是“洞房花烛夜”。

新婚第二天，新郎陪新娘回娘家，叫“回门”。新婚夫妻要赶在当天太阳落山前赶回新家，方为吉利。

中华人民共和国成立后，颁布实施新婚姻法，旧的繁琐习惯、风俗礼仪大部分被取消。男女自由恋爱，婚姻自主，婚礼简单朴素。随着生活水平不断提高，村民结婚彩礼也随之升级，由20世纪80年代的“三转一响”（“三转”为自行车、手表、缝纫机，“一响”为半导体收音机），到后来要置办楼房、现代家具、电风扇、洗衣机、电冰箱、彩色电视机、空调等。也有婚事从简，新事新办的，旅游结婚或举办集体婚礼。

丧葬

旧时称丧事为“白喜事”，木棺土葬，丧礼繁琐，请僧尼做斋事以超度亡灵。有钱人请的僧尼多，用的棺木厚，停柩时间长；穷人则相反。若是老人病死，亲属在旁送终，先撤去蚊帐，将死者移置堂屋，穿寿衣，一般穿五件衣，俗称“五领”，三条裤，俗称“三腰”，嘴含银钱、米谷，脚绊白线，入殓，设灵堂。妇女死后，还须娘家人验看后才能入殓。烧香燃烛，烧纸钱，点长明灯，供三牲即猪头、鸡、鱼，五谷即稻、麦、菽、黍、稷祭奠，由长子守灵，次子至亲戚家跪于门外报丧。亲戚吊唁，送孝幛、挽联。请阴阳先生选坟地，择葬日。一般停柩三天即出殡，吹唢呐，放爆竹，沿途撒纸钱和芝麻花，儿子捧“哭丧棒”行棺前，家属亲友行棺后。至坟地，送葬者投钱于墓穴，由抬棺者收取，送葬者回至丧家门口时，须跨火而过，喝姜糖茶。丧家给送葬亲友先敬糕点茶食，继以酒筵款待。家属守孝七七四十九天，名为“守七”，守孝期内，儿孙不得理发。如丧者高龄，丧家要备小花碗，俗称寿碗，和红黄线给亲友，为小孩子“套（讨）寿”。

中华人民共和国成立后，丧礼习俗有了很大改革，请僧尼做佛事等活动废止。农村从20世纪60年代开始实行殡葬改革，70年代大力提倡火化，80年代全面推行，20世纪末，各乡镇建立公墓，火化后，统一安置于公墓，入穴立碑，火化率达100%。清明、冬至，人们到公墓祭扫已故亲人。

喜生

“喜”指生儿育女。孩子出生向亲戚报喜，送红鸡蛋，生男孩，送单数，3个、7个或9个，不可送5个，5个蛋谐音乌龟蛋。生女孩则送双数，4个、6个或8个，不送2个，数量太少，拿不出手。亲友则馈赠鸡、肉、鱼、蛋、红糖等营养品，称为“送月子”。长辈为小孩取乳名，俗称小名。请四邻吃糯米粥，叫“毛米粥”，吃者越多，预示小孩将来长得越结实，越长寿。也有三天请吃面的，三个鸡蛋一碗面，祝愿小孩富足长寿。产妇未满月不得进别人家。满月之日宴请亲友，称“满月酒”，亲友赠以衣、帽、鞋、袜等礼品。为婴儿剃满月头，将婴儿头发与狗毛、猫毛搓成小团挂在床上，希冀小孩同猫狗一样泼扎（没病没灾，易于生长）、健康、平安。满百日亲友送礼祝贺，叫“做百岁”。1周岁时举行“抓周”礼，在筛子里放上书本、文具、金银珠宝、钱、刀子、尺子、算盘、称、针线、化妆品和玩具等物品，送到小孩面前，让他抓取，以预测孩子前程。孩子如抓文具，预示有文才，长大后能读书做官。女孩如抓针线，表示将来善于持家。现在人们并不认真对待仪式的象征意义，而是更注重其热闹、喜庆成分。

庆寿

“庆”指庆贺寿辰。古人有“三十而立、四十不惑、五十知天命、六十花甲子、七十古来稀”之说，故一般做五十、六十、七十岁生日，称为“荣庆”。寿星吃面条、鸡蛋，亲友送礼祝贺。特别是八十、九十、百岁庆生日，大摆寿宴，请亲友、收礼品、放鞭炮、供寿桃、挂寿帐、吃寿面、喝寿酒，亲友、晚辈要跪拜祝寿，主家还要往四邻送寿面。为八十岁以上寿星祝寿时，还有偷碗“讨寿”之俗，多由小孩去偷，一个小孩一个，主家看见也当做没看见，后演变成送寿碗之俗。中华人民共和国成立后，人们在庆贺寿辰时，仍不同程度地沿袭旧时习俗。

前石塘村　　徐旭东/摄

姓氏宗族

石塘村从南宋建立以来，至2019年，村内有姓氏88个，陈、王、胡姓居多。古往今来，村民以姓氏宗族文化延续纯正的家风，传承“修身、齐家、治国、平天下”的儒家思想，至今留存了一批宗谱、宗祠，如王氏宗谱、程氏宗谱、王氏宗祠、施氏宗祠等。

姓氏

2019年村内有姓氏88个，陈、王、胡姓居多。其中陈氏143人、王氏117人、胡氏110人。华、衡等20个姓氏为单户。

陈氏

石塘陈氏原籍河南省罗山县陈家寨，清末，村民陈国宝的父亲率弟兄6人迁居此地谋生，世代繁衍生息。2019年，石塘陈氏常住人口为143人，占全村总人口11.1%，主要分布在前石塘、清塘、新生等自然村落。

王氏

王氏于汉朝分为山东琅琊和山西太原两支。石塘王氏为太原之裔，南宋嘉泰年间（1201—1204），王氏五十三世孙王萃一（字会源）为建康府学教授，解任后南游云台山，见后石塘村风景优美，民风淳朴，举家迁居后石塘，后其三个儿子也陆续辞官来到后石塘，疏泉凿石，筑室而居，垦土而耕，依山而樵，繁衍生息。王氏后代子孙分居在周边的大贾村、南山坎等地。王氏在石塘人家建有祠堂。

王氏族人定居后石塘以后，以务农为主。改革开放后，大部分青壮年外出务工或经商。2019年，石塘王氏常住人口为117人，占全村总人口9.08%，主要分布在石塘人家自然村。

胡氏

石塘胡氏原籍山西，宋末避战乱移居江西。明初，朝廷移赣民入鄂，迁入湖北黄陂，后迁徙至河南省罗山县山店乡熊店村胡家湾。村民胡茂喜曾祖父为避水灾，逃难来石塘定居。2019年，石塘胡氏常住人口为110人，占全村总人口8.54%，主要分布在前石塘、清塘、新生、石塘人家等自然村落。

程氏

石塘程氏原籍安徽省怀宁县秀山乡程家宕。清朝中晚期，族人程乐川从怀宁沿江而下，逃荒谋生，见后石塘和老家地势相似，物产相同，便依山诛茅，结舍而居，开荒种地，扎下根来。2019年，石塘程氏常住人口为100人，占全村总人口7.76%，主要分布在石塘人家自然村。

方氏

石塘方氏原籍安徽省肃州县南下塘集，清代末期迁到横溪前石塘，方氏以竹器制作和纺织为主。2019年，石塘方氏常住人口为57人，占全村总人口4.43%。方永发是村竹器制作厂的技术专家。

施氏

石塘施氏原籍安徽省安庆市，明代末期迁到横溪前石塘，曾为旺族，施万富的传说在民间广为流传。2019年，石塘施氏常住人口为31人，占全村总人口2.41%，主要分布在前石塘自然村。

2019年石塘村姓氏人数统计表

表5

姓氏	人数	姓氏	人数	姓氏	人数	姓氏	人数	姓氏	人数	姓氏	人数
陈	143	吴	22	夏	9	高	5	邓	2	伍	1
王	117	阮	21	孙	8	罗	4	包	2	钟	1
胡	110	汪	21	武	8	孔	4	袁	2	苏	1
程	100	熊	21	江	7	许	4	钱	2	梅	1
张	68	杭	13	卢	7	章	3	谭	2	业	1
林	63	石	13	曾	7	唐	3	韩	2	侯	1
方	57	姚	12	易	6	郭	3	濮	2	庞	1
潘	48	周	12	魏	6	何	3	端	2	蔡	1
徐	36	朱	11	闫	6	冯	3	华	1	金	1
刘	32	彭	11	余	6	梁	3	衡	1	顾	1
施	31	于	11	马	5	赵	3	毛	1	刁	1
李	27	毕	10	谷	5	曹	3	缪	1	赖	1
戴	25	姜	10	居	5	肖	3	俞	1	科	1
丁	23	郑	9	黄	5	池	2	卜	1		
杨	23	陶	9	谢	5	史	2	吕	1		

宗谱选介

宗谱又称家谱、族谱、谱牒，与方志、正史等共同构成中国史学的丰富内容。石塘村居民编修宗谱最早从宋代开始，在民国时期有续修的，中华人民共和国成立后，宗谱作为封建文化糟粕遭到摒弃，大量宗谱被没收焚毁。近年来，续修、新修宗谱之风兴起。石塘村保存较完整的有《石塘王氏宗谱》《新安敦睦堂程氏宗谱》等。

王氏宗谱

《石塘王氏宗谱》以南宋建康府学教授王萃一为始迁祖，谱序记载，王萃一“喜玩名山，游金陵南乡，见云台之美，风淳可爱，遂改迁太原，以石塘为家焉”。王氏得姓于周朝，为东周灵王太子晋后代，秦汉时，分为太原王氏和琅琊王氏。王萃一为太原王氏五十三世孙，曾于南宋嘉定八年（1215）主持修订《王氏宗谱》，迁居后石塘村后，宗谱定名《石塘王氏宗谱》。此后历代续修不绝，最后一次修定于中华民国三十三年（1944）。全套十二卷《石塘王氏宗谱》现留存于后石塘村民王允和家中。

和清朝康熙年间之后修订的许多宗谱一样，《石塘王氏宗谱》首载清康熙二十五年（1686）“圣谕十六条”作为族人应遵循的行为准则，包括敦孝悌以重人伦；笃宗族以昭雍睦；和乡党以息争讼；种农桑以重衣食；尚节俭以惜财用；隆学校以端士习；黜异端以崇正学；讲律法以儆愚顽；明礼让以厚风俗；务本业以定民志；训子弟以禁非为；息争讼以全良善；诫窝逃以免株连；完钱粮以免催科；联保甲以弭盗贼等。

宗谱首卷收录了从宋朝到民国众多名人撰写的序文、传、题记、铭文，作者有北宋孙奭、欧阳修、张栻、苏轼，南宋真德秀，清朝杨明善、陶绍景、张炳等，具有较高历史文献价值。

宗谱卷末附录家礼图、坟图、姜廷选所作“石塘十景诗”、钟文林所作“贾村四时乐”，记载石塘村和周边许多古迹景点，保存许多古代地情资料。

宗谱三至卷十各房年表内容丰富，记录细致翔实，为迁移各地的石塘王氏族人认祖归宗，续修宗谱提供了可靠的资料。

程氏宗谱

《程氏宗谱》自明朝成化十八年(1482)至1932年,先后编修七次。1999—2001年,程氏族人在安徽省安庆市怀宁县第八次续编宗谱,后石塘程学保、程学忠、程学义、程学春、程起才等人代表族人参与续修宗谱活动,后石塘134名程氏族人收录入《新安敦睦堂程氏宗谱》。

第八次续修本《新安敦睦堂程氏宗谱》卷首有八修前言、题词、说明、名人轶事等。卷末有历代序文、凡例、宗派、家规、家训、祠堂志、坟山志、碑志等。自卷二开始为各房支世系。

《新安敦睦堂程氏宗谱》原立行派20个字:应至梦遇显,景其以之光。朝廷从学起,一维希延良。清朝乾隆三十年(1765)增派系20个字:忠厚传家远,诗书衍庆长。发祥咸先德,万世永留芳。1999年第八次编修增派系为:仁义孝作本,宽善自荣昌。勤俭立伟业,礼智耀华邦。

程氏家训:顺父母、和兄弟、抒忠敬、别夫妇、慎交游、培祖茔、建祠堂、置祀田、择户长、重儒术、务农业、急国课、崇节俭、息争讼等14条。

以前程氏除有家训外,另立家规29条,对族人管束甚严,违者杖责、罚跪或送官司究治。

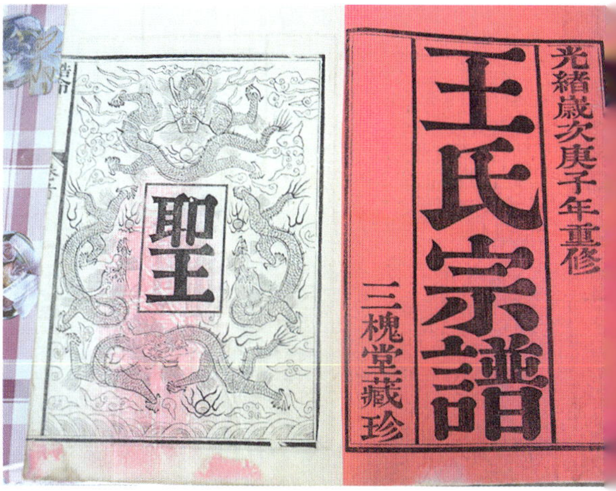

王氏宗谱　　石塘村委会/摄

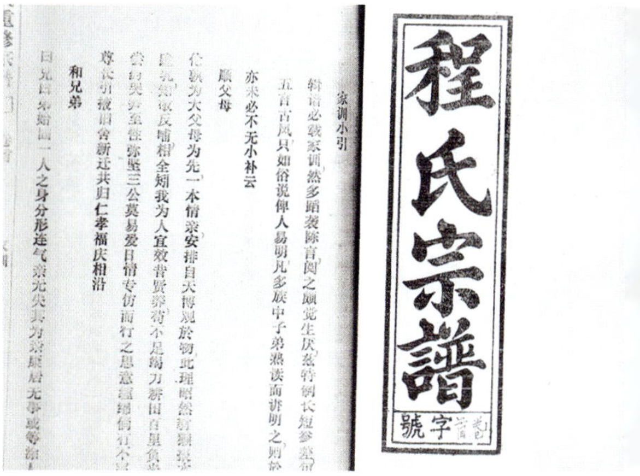

程氏宗谱　　石塘村委会/摄

宗祠

王氏宗祠

王氏宗祠最早建于宋朝。1940年，王氏族人在原祠堂基础上进行大规模修建。宗祠两进，前进为门房和储物间，摆放祭祀用品和宗族宴会桌椅什物。后进正房3间，附厢房2间。中有天井，建筑面积126平方米，大厅上方摆放王氏祖先牌位，墙上悬挂王氏始祖画像。大门外有水塘，名祠堂塘。祠堂边有一棵大榉树，树干遒劲，树冠如巨大的伞盖，树根裸露在外，包裹住一块狮形巨石，村民称之为“狮背伞”。

祠堂建成后不久，中华人民共和国成立，祠堂被生产队征用。先在里面办小学，后被用作仓库、加工厂。2000年，废弃了六十年，几近倒塌的王氏宗祠，由族人出钱出力，恢复一新。宗祠落成后，还请来山西太原王氏共同远祖王乔像，以供祭拜。2017年，街道和石塘村及王氏族人共筹资50万元，翻建王氏宗祠，翻建后的王氏宗祠与村庄苏式建筑风格一致，更加古朴庄重。王氏宗祠里存有清朝乾隆年间石碑，民国期间加固砖墙的铁构件、柱础、木柱、雕花间架大梁等文物，被列为江宁区不可移动文物。每年清明节和农历十月初十，王氏族人在宗祠举行祭祖仪式。

王氏宗祠取名“三槐堂”，此堂号始自王祐。《宋史》记载，王祐字景叔，大名莘人，“少笃志词学，性倜傥有俊气”。五代晋、汉、周时渐知名，周代为县令。入宋后，事太祖为知制诰，加集贤院修撰，转户部员外郎。能理剧务，且谏太祖毋猜忌杀无辜。太宗太平兴国年间（976—979），拜中书舍人，充史馆修撰。未几，任开封知府。太宗以王祐文章、清节兼著，特拜兵部侍郎。

王祐为官清正，不攀附权贵，不倾轧善类，故仕途淹蹇。苏东坡《三槐堂铭》文中称，“天下望以为相，而公以直道不容於时”。据《宋史》载，王祐手植三槐于庭，曰：“吾之后世，必有为三公者，此其所以志也。”据《周礼·秋官》，周朝天子外朝位次，“左九棘，孤卿大夫位焉，群士在其后。右九棘，公侯伯子男位焉，群吏在其后。面三槐，三公位焉，州长众庶在其后。”后世遂以三槐象征三公，协助天子治理百官。

王祐仲子王旦果于真宗朝为宰相，且其

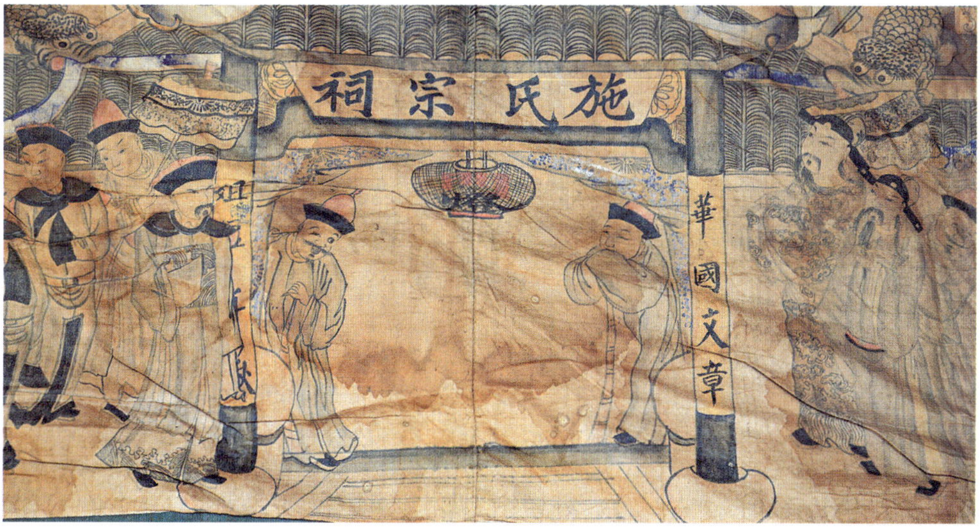

施氏宗祠图谱　　石塘村委会/摄

后世俊秀盈庭，苏东坡赞叹“何其子孙之多贤也！”王祐种植三槐，寓意对后人的期许，也包含自己对清操的坚守，哪怕会因此受挫，德行无亏，尚可寄望于将来。王氏后人铭记王祐品格高尚，感念他对宗族居心仁厚，世世代代以“三槐堂”为号。

施氏宗祠

施氏宗祠最早建于明朝末年，建于前石塘村南，原有祠堂三进两厢9间，约250平方米，门前竖有旗杆。清中晚期，太平天国战火波及石塘，施氏祠堂被烧毁。清同治年间（1862—1875），重新翻建三间，约86平方米。中华人民共和国成立后，祠堂用作小学校。2008年，打造石塘竹海旅游景区时，祠堂重新改造翻新，成为人文景观。改造后的施氏祠堂悬挂施氏世系宗脉图，图为丝织品，长4米，宽3米，供施氏族人祭拜，供游人参观。

10 名村名人

在历史发展的各个阶段，石塘村涌现出一些立德修身、造福一方的人物，成为人们敬仰的榜样。现当代，村里还出现在抗日战争、解放战争、抗美援朝等战争中英勇捐躯的烈士和光荣参战的军人。在社会主义建设时期，涌现出一批一心为公、扎根农村的基层干部、劳动模范、勤劳致富能手、先进生产者，还有走出山村、心系故土，尽自己所能回报乡梓的善人以及负笈远游、学有所成的专家学者。

石塘山水清淑、风淳俗美，数百年来，吸引人们周游流连，这其中不乏名垂史册的人物。虽是雪泥印爪，亦是飞鸿之迹，他们的一觞一咏，余响至今不绝。

人物传略

王萃一（1173—1250）　字会源，山西太原人，为石塘王氏史迁之祖。他于南宋嘉泰年间（1201—1204）任建康府学教授，兼管赈济、救荒等事。王萃一先生接人待物，履素守正。教学中，“不尚词章，务敦实行”“严课诸生，讲明理学”。他不恋官位，辞任后，定居后石塘村，率子孙回归田园，重农务本，过着耕读传家的平静生活。他“赋性端庄，品行雅重”，教育子孙尊重长辈，和睦亲族，从修身齐家立基，做一个有操守之人。王萃一与其妻宁氏生有三子二女。王萃一卒后，葬后石塘村游龙山。

王家宜（1815—1874）　字允和，为石塘王氏第十九世孙，生于清嘉庆二十年（1815）九月初六日，卒于同治十三年（1874）九月初一日，葬黄连墓祖茔。配鲁氏，继配李氏、孟氏。子二，本迎、本近，本近过继给弟弟家宽为嗣。

清咸丰三年（1853），太平军攻打金陵，乡民流离失所。十年（1860），清军江南大营失守，金陵地区兵祸更甚，人们四处逃难。这一时期，家谱的散失损毁非常严重。王家宜在逃亡时，携带《王氏宗谱》两卷。他坚信，家之有谱犹国之有史，万不可遗失，因此千方百计保护好宗谱。动乱过后，他将宗谱带回后石塘村。王家宜保存的旧谱，成为清光绪二十六年（1900）续修《石塘王氏宗谱》的基础资料。正是他对宗谱的重视，他的悉心守护，首尾完整，体例精详，世系清晰的《石塘王氏宗谱》得以保存。

王懋银（1867—1937）　字濮卿，为石塘王氏第二十一世孙，生于清同治六年（1867）二月初四日，卒于1937年，葬大坟山祖茔。配吴氏，继配赵氏。子四，德发、德财、德喜、德源。德发过继给堂兄懋起为嗣，德喜过继给堂弟懋勋为嗣。

石塘王氏宗族推举王懋银为宗政，他督促建造祠堂，续修宗谱，且踊跃襄助创修庙宇，建造桥梁。他处事公正，不计较个人利益，为宗族表率。王懋银为人正直，慈仁善良，不居功自傲，治家勤劳，生活俭朴。他在乡里为人排忧解难，大家都心悦诚服。秉公作则，大家都信任遵从，因此为人所称颂，威望很高。晚清两科进士、知府、民国慈善家、社会活动家魏家骅很器重他，亲笔特书楹联相赠。

居连文（1921—1991） 男，1921年元月生，石塘村后石塘自然村人。原籍江苏省兴化县三塘村，家境贫寒，未入学校，后在部队和地方接受培训，达到初小文化程度。少年起，学手艺，做小生意为生。1942年，在兴化同孚米厂做工，接触中国共产党地下工作者，进行革命宣传，从事地下活动。1943年，参加新四军，因作战英勇无畏，于9月加入中国共产党。他在战场上的突出表现令敌人既怕又恨，必欲除之而后快，敌人将他母亲捉去，逼令交出儿子，其母不从，遂遇害。1944年，苏北马家店战斗，获评一等功，全团大会表扬。1945年，头部被敌人炮弹炸伤，左眼失明，仍坚守阵地，受大会表扬。1946年，在如皋新生港，所在班打退敌军一个团的三次冲锋，班级荣立一等功，获"英勇十二班"称号，事迹在全军登报宣传。同年脚受伤，回乡休养，休养期间，组织民兵联防队与还乡团斗争。因其是战斗英雄，名气大，还乡团多次劝降，捉拿他，未能得逞，遂将其妻儿杀害。居连文加入中国共产党领导的人民军队，从军十年，经历了抗日战争和解放战争，机智灵活，勇猛顽强，数次受到提拔，历任排长、副连长等职，获颁淮海战役纪念章、渡江胜利纪念章等四枚纪念章，被评定为二等乙级残疾军人。

1952年，转业至江宁县陶吴区人民武装部任副部长，后任陶西乡支部书记，组织委员，能与群众打成一片，积极参加地方建设。1956年，调到东坑林场任管理员。1962年退职，落户后石塘村石东生产队。1991年去世，葬于后石塘自然村莺子山桃子凹。

潘传喜（1925—2017） 男，汉族，高小文化，祖籍安徽安庆，石塘村朱塘自然村人，中共党员。从小放牛、做帮工。土改时期任云台乡民兵营营长。1954年8月，调入横溪乡，先后任乡水利股股长、许村大队党支部书记、溧阳社教工作队副队长、横溪公社副主任，公社革委会副主任。1969年，任石塘大队党支部书记。1981年，被选派往山东省帮助推广旱改水技术。1982年9月退休。

胡正春（1929—1984） 男，汉族，初中文化，石塘村前石塘自然村人，中共党员，退伍残疾军人。1951年，入伍参加抗美援朝战争。在战斗中负伤，左面部被炸，造成颧骨骨折，左面部神经轻度麻痹，视力受损，荣立四等功。1954年，退伍回乡，历任石塘村农会副主任、江宁县夜合山农场副场长、横溪公社石塘大队党支部书记。他任大队党支部书记期间，带领群众植树造林，改造荒山，先后种植毛竹、杉木、板栗、国外松约100余公顷。他清正廉洁，严于律己。退伍后，家里房屋破旧，政府照顾的木材，他坚意推却。1980年，次子胡茂松当兵退伍回乡，无住房，乡政府照顾300元钱建房款，这笔钱在当时可购置许多建房材料，他劝儿子放弃。1981年，他自己盖房子缺少两根房梁，向村民家暂借两根水泥梁，都不砍伐集体林木。群众有困难，他则尽力帮忙解决。石塘村民盖房缺少材料，他都亲自过问，解决木材、毛竹。上级来人检查工作，他在自家准备工作餐，不花费集体一分钱。公私分明，两袖清风。

人物简介

赵发荣　男，1932年生，石塘村后石塘自然村人。1946年参加南下工作组。中华人民共和国成立后，参加各项社会主义建设工作，历任南京市建邺区人事局人事科副科长，南京市农机试验鉴定站党支部书记等职。20世纪六七十年代，赵发荣关心家乡人民的生产生活，多次通过有关企业、单位，协调电线、电缆、电动机、变压器等农村紧缺急需物资，为家乡添置拖拉机等大型农业机械，为家乡早日通电而奔走，协助家乡创办机械厂，解决乡亲们子女就业问题。支持家乡建设，深得村民们信赖和尊重。

程学保　男，1945年生，石塘村后石塘自然村人。1977年起，历任江宁县陶吴公社甘村大队石东生产队队长，陶吴公社（镇）甘村大队（村委会）副主任、主任、村党支部书记。在任石东生产队队长期间，详细了解队里各处田地土壤状况，有针对性地施用肥料，推广科学种田，他还组织劳力，发展副业和劳务输出，增加社员收入。1979年，石东生产队农业粮食和油料产量、国家上缴、副业收入及分配水平5项指标实现翻番。生产队被评为全公社样板和县先进集体。1980年，生产队被评为江苏省农业先进单位，江苏省人民政府颁发“嘉奖令”。程学保出席江苏省农业先进单位和劳动模范表彰大会。任甘村大队党支部书记期间，他带领干部群众植树造林，绿化荒山，开办采石场，千方百计增加集体经济收入，改善群众生活。

施永友　男，1947年生，石塘村前石塘自然村人。1976年6月起，任大队党支部副书记，主持支部工作，后任书记，1999年12月退职。在担任党支部书记期间，组织群众植树造林，兴修水利，栽种毛竹200余公顷，引进浙江早园竹种植20余公顷。扩种茶叶近26.67余公顷，引进炒茶制茶新技术，茶叶质量大大提高，多次获省市茶叶评审委员颁发的银奖、金奖　。1996年，被南京市人民政府授予“1994—1996年度劳动模范”称号。

程明　男，1967年生，石塘村后石塘自然村人，北京大学中国语言文学系文学专业毕业，本科文化，南京市作家协会会员，南京市行政区划地名协会专家会员。参与编撰《江宁非物质文化遗产资源集萃》一书，担任执行副主编。

真德秀序《石塘王氏宗谱》

真德秀（1178—1235） 字景元，后改为希元，本姓慎，以避宋孝宗讳，改姓真，建州浦城县迁阳镇（今福建省南平市浦城县北仙阳镇）人。宋庆元五年（1199）进士，又中博学鸿词科，历官起居舍人，兼太常少卿，宋嘉定八年（1215），出外任秘阁修撰，江东转运司副使，江东转运司治所在建康（今江苏省南京市）。

真德秀为著名儒臣、理学家，著有《西山甲乙稿》《对越甲乙集》《经筵讲义》《端平庙议》《翰林词草四六》《献忠集》《江东救荒录》《清源杂志》《星沙集志》《大学衍义》《心经》《政经》《读书记》，编撰《四书集编》《文章正宗》。卒后，朝廷赐谥“文忠”，学者称西山先生。宋嘉熙三年（1239），朝廷下诏配祀朱文公祠。

宋嘉定八年（1215）十一月，真德秀应王萃一请求，为《石塘王氏宗谱》撰写序言。

释洪恩经衲头庵赋诗

释洪恩（1545—1608） 字三怀，姓黄氏，应天府上元县（今江苏省南京市）人，出家后曾住句容宝华之雪浪山，遂以山为号。本金陵富家子，十二岁随父于大报恩寺听讲，当下领悟，遂自剪顶发，誓愿出家。年十八即博通内典，承袭华严、唯识两宗，主张融会性相，见解超群，一众敬服，升为分座副讲。二十一岁，励志学习世俗文字，认为“不读万卷书，不知佛法”，儒家经典、子史百氏及古辞赋诗歌，靡不搜索，所出声诗，脍炙人口，成为著名诗僧，且擅长书法，顾起元称其“诗字有晋唐风流”。说法近三十年，一扫训诂俗习，单提本文，直探佛意，拈示言外之旨，恒教学人以理观为入门，由是学者耳目焕然一新，南北法席师匠皆出门下，灭后，门弟子四方主法席者数十处。明万历二十七年（1599），洪恩见大报恩寺塔顶倾侧，遂奋志修理，领众僧行乞于都市，焦心劳思，至废寝而呕血。近二年，工始毕，塔之盛丽得以重视。晚年得罪当道，被逐出大报恩寺，有"江南异人"之称。后于吴地望亭结茅饭僧，日则斋饭，晚则澡浴，夜则说法，二利并施，三吴之士，翕然信向。明万历三十六年（1608）十一月十五日，沐浴更衣，端坐而逝，弟子奉全身还葬于雪浪山。明万历二年（1574）进士、工部主事、湖广提学副使，梁溪（今江苏省无锡市）邹迪光铭其塔。明末文坛领袖钱谦益铭其塔，并撰挽诗八首，痛慨其逝，"斯世如长夜之灯熄，伊余如跛人之夺杖"。明末四大高僧之一，憨山德清法师为其作传，曾于明天启年间任南京礼部尚书的著名书法家董其昌为其书写塔铭。洪恩著有《雪浪集》二卷，《心经说》一篇，《谷响集》一卷，编纂《相宗八要》。

洪恩喜游历，《宝华山志》记载："杖履闲游，四众围绕，编山水为妙声，化树林为宝网。"以大自然为讲坛，随缘说法。憨山德清法师为他所作传中有语，"每撤座，则修壁观，尝于长兴山中，结茅习静，入定二日，林木屋宇为之震动。"壁观与习静都是在远离尘嚣的自然山水中参究佛法。洪恩曾在石塘人家一带访道友，留宿乡村小寺，写下《游般若寺》《宿幽谷庵喜逢静崖法兄》《经衲头庵忆法秀禅师》等几首诗。衲头庵位于前石塘村火地山近山顶处，北临山谷，俯瞰九龙潭景区，遗址犹存。

刘思敬描绘记载云台山

刘思敬　字纯之，号觉岸，江宁府上元县（今江苏省南京市）人。十岁能文，为导师、督学所器重。明崇祯十二年（1639），以五经置副车贡北雍，不仕。清顺治三年（1646），举于乡，四年（1647），成进士，任刑部郎，凡七年，恤狱慎刑，以执法忤权要，几陷不测，亦不改悔。十二年（1655），任礼部考试分校官，所得三十八人皆知名士。寻擢左江道参议，以母年逾八旬，乞终养。从容林泉，著书论道无虚日。清康熙二十二年（1683）正月十五日，太守于成龙在府学举行乡饮酒礼，聘为大宾，学者至今称刘先生。同年，应制府于公聘，纂修《康熙江南通志》，担任评论。著有《彻剩八编》《存征录》《刍谋录》《征剩四卷》，后人编辑成《刘觉岸稿》。

刘思敬留意家乡山川景物，人文典故。清朝周亮工在《存征录》序文中，称赞此书，"闻见之赅博，考核之精详，笔法之高简，于是编已著其概，使由人物而更及山水，建制、宫阙、寺庙诸记载，共成一书，足尽金陵之盛。"正是在刘思敬笔下，石塘村云台山首次得到详细生动的描绘，以后历次修纂地方志，皆予以采纳。清金鳌《金陵待征录》称，"云台始见刘觉岸《存征录》，佟志因之，吕志所据也"。佟志是指佟世燕所修《康熙江宁县志》，其中保存了刘思敬书中关于云台山的描述，"云台山在县西南六十里，高五里许，山南有古松，天矫百尺，俨若图画，下有泉，澄泓可爱，西迤十里曰虎肱洞，有巨石，若箘盖，复有石丈人、春社报赛，为胜迹云"。

翁荃研经云台山

翁荃　字兰友，一字止园，江宁府江宁县（今江苏省南京市）人。入学为诸生后，不事科举，与桐城方苞、高淳张自超、江宁刘捷研讨经学，并称“四子”。与方苞数通书问，砥砺道德，讲求圣学。清乾隆元年（1736），诏修《三礼义疏》，公卿推荐翁荃，固辞不出，转而推荐弟子和凤翔应征。晚年卜居雨花山下，名止园，瓦屋数椽，杂莳花木，远绝尘嚣。翁荃著有《尔雅纂说》《春秋纂说》《孝经纂说》《礼记纂说》《书经纂说》《诗经纂说》《易经纂说》，古文诗歌成集，藏于家。《嘉庆江宁府志》中《人物卷》之《儒林传》，于清朝收六人，翁荃列其中。

翁荃曾入云台山钻研经训，时山有虎害，他出资募猎户除之，又督促僮仆捡拾白骨，聚而葬之，体现了一位学者勤勉的治学精神，和一位儒家君子的仁爱之心。

周宝偀赋咏石塘山

周宝偀　字月溪，号二石居士、红杏村樵，清朝乾隆道光年间江宁（今江苏省南京市）人。周鸿覃弟，诸生。耽吟咏，工画竹，亦善泼墨山水，著有《金陵览胜诗考》，书中有石塘诗篇《男山女山姑山》。

甘煦赋咏马府岘

甘煦　字祺仁，号耆壬，江宁府江宁县（今江苏省南京市）人，为甘福之子，甘熙之兄。自幼嗜学，清嘉庆十八年（1813），中秀才，清道光元年（1821），举副榜，摄宝应训导，勘湖西水灾，加意慰恤。俄选安徽太平县教谕，注重教化，搜访节孝贞烈三千六百余人，乞旌葆。任满保荐，送部引见，拟升知县。自京都还里，遽萌退志，然于家族诸善业，乡里诸善举，踊跃从事。晚年自号贞冬老人。所著有《贞冬诗前录四卷后录四卷》《水法宗旨二卷》《纳音订证一卷》《阳宅录要》。

甘煦为晋于湖敬侯甘卓后裔，原居小丹阳甘村。嘉庆十六年（1811），其父甘福重修小丹阳始祖敬侯墓。嘉庆二十三年（1818），又于墓侧建大宗祠、节孝祠。甘煦母亲阮氏祔葬祖母龚氏墓，墓址在朱门乡史家村松山，且有祠宇，可供子孙祭扫驻足。甘煦曾去小丹阳为始祖扫墓，祭拜大宗祠，又去朱门为祖母、母亲扫墓，途经石塘，写下诗篇《过马府岘》。马府岘在朱塘村西南，通往朱门大庙。

三月桃花石塘人家　　张明/摄

江鸣鸾赋咏云台山

江鸣鸾字偕五，江宁（今江苏省南京市）人，贡生，作七言长诗《女山高为甘节妇金氏作》。

据甘熙《白下琐言》，金氏为甘熙族嫂，年十七归甘元勳，五载而夫亡，遗一女，以族子文陞嗣。金氏为娶妇，文陞又先卒，无子。家贫，仅有田二十亩，以十亩养姑，余为宗祠祭费。嫁女于刘氏子。金氏年四十八卒，以不及终事孀姑为恨，守节二十八年。清嘉庆十六年（1811），甘熙父亲甘福为金氏请求旌表，获许建坊于贾村祠堂，入祀江宁节孝祠，并广征诗文。

贾村位于云台山东北麓，女山为云台山最高峰，江鸣鸾诗以女山高比拟甘节妇金氏守节孝亲养子睦族之事迹，堪为典范，令人敬仰。

杨明善序《石塘王氏宗谱》

杨明善　江宁府江宁县（今江苏省南京市）人，嘉庆二十三年（1818）恩科举人。道光六年（1826）进士，《明清历科进士题名碑录》记其乡贯为顺天府宛平县。道光八年（1828），任荆州府枝江县知县，并曾兼任湖北乡试同考试官。

道光十一年（1831），石塘王氏重修宗谱，距嘉庆五年（1800）修宗谱三十年，恰符宗谱“三十年一小修，六十年一大修”之例，王氏族人王凤仪先生请杨明善为新谱作序，杨明善自称姻末，为王家姻亲晚辈，赞赏王凤仪“为人温厚和平，有大雅风，且其所主修宗谱，体例遵照旧谱，新增内容翔实可靠，就其请而作序”。

张鹤章序《石塘王氏宗谱》

张鹤章　后更名鹤征，直隶和州（今安徽省马鞍山市和县）人，清咸丰二年（1852）举人，亚魁。清同治十二年（1873），大桃知县，分发四川。

光绪二十六年（1900），石塘王氏重修宗谱，张鹤章撰写序文。序文中，讲述了清咸丰三年（1853）太平天国农民军攻打金陵，尤其是咸丰十年（1860），太平军攻破清军江南大营，江宁乡村大扰，石塘王氏子孙王家宜于颠沛流离之际，悉心守护王氏宗谱，使得后世修谱，仪制可依。此次重修宗谱的主事人员有族长兼房长王本发及王家骏、王家骢、王懋银、王懋全等人。张鹤章自云“忝列世交”，喜见石塘王氏“传家重器亡而复存”，提笔撰序文，叙说重修宗谱始末原委。

姜廷选撰石塘十景诗

姜廷选　福建莲江（今福建省福州市连江县）人，清朝晚期诗人，生卒年不详。姜廷选游历江宁，常到石塘走亲访友，对石塘村四季美景熟稔于心。清光绪二十六年（1900），王氏家族续修宗谱时，请姜廷选撰写“石塘十景诗”，并在村图中加以标注。姜廷选诗风清丽，“石塘十景诗”录入《石塘王氏宗谱》。

甘如醴授经云台山

甘如醴　字味中，江宁府江宁县（今江苏省南京市）人，清朝庠生，居云台山麓，终年足不履城市，每日手抱一经，以课子弟为乐。

刘思真赋咏云台山

刘思真　字守真，一字静轩，清朝云台山道士，作有诗篇《入云台山》。

人物名录

革命烈士

汪传忠　男，1914年生，石塘村后石塘自然村人。1940年入伍，新四军第6师16旅46团联络员。1943年3月，在小丹阳抗击日军战斗中英勇牺牲，年仅29岁。

方永州　男，1927年生，石塘村朱塘自然村人。1938年入伍，新四军1师3旅7团3营副班长。1944年2月，在江宁横山抗击日军战斗中英勇牺牲，年仅17岁。

方立武　男，1933年生，石塘村后石塘自然村人。1950年入伍，志愿军68军204师612团2连战士。1951年10月，在抗美援朝战争中英勇牺牲，年仅18岁。

前石塘溪流　　戴典金/摄

乌瞰石塘　　丁海/摄

石塘人家

艺 文

石塘村历史悠久，名人屐迹时至，题咏时见。宋《景定建康志》“江宁县之图”上就标有石塘山。宋景定八年（1215），著名儒臣真德秀任江东转运副使，为《石塘王氏宗谱》撰写序文。明朝著名诗僧释洪恩、吏部左侍郎顾起元，清陶绍景、周宝偀、甘煦等留下了足迹和诗文，清末，莲江籍文人姜廷选精心创作“石塘十景诗”，录入《石塘王氏宗谱》。

古代艺文

诗

经衲头庵忆法秀禅师[1]

（明）释洪恩[2]

绽衲居无定，双林一岭分。

磬声和断续，香蔼逗氤氲。

石径连疏竹，溪流隔片云。

丹书征出处，已是不逢君。

①录自《雪浪集》。

②作者介绍见第十篇“名人履痕”。

男女山[1]

（明）顾起元[2]

瑶篸兀聿冠云鬟，玉笋参差列御班。

日月中分龙虎地，雌雄双插斗牛间。

孤论小大依通隐，对拥儿孙媚客颜。

绝壁过云垂瀑湿，坐看归鸟碍飞还。

①录自《万历江宁县志》。

②作者介绍见第四篇“名人墓葬”。

女山[1]

（明）顾起元

落日摇风野色黄，高原秋树淡相望。

何人忽洒山阳泪，吹作丹枫叶叶霜。

①录自《懒真草堂集》。

村社[1]

（明）顾起元

打鼓鸣锣落日前，女巫红袖舞仙仙。

贫家日暮无烟火，随例排神乞社钱。

①录自《懒真草堂集》。

庄居[1]

（明）顾起元

夜卧不寐，因忆昔年同友人张太初月下过此，怆然有感。

短檠寒焰几幢幢，清夜无眠思未降。

回想当年携胜侣，共寻古路得徒杠。

云崖自倚枯藤一，月磴同扶蜡屐双。

今古河山在兹夕，静听霜叶满风窗。

①录自《雪堂随笔》。

男山女山姑山[1]

（清）周宝偀[2]

朱门乡，三山相连，有石洞，号为仙灵遗迹，颜料山亦接此山。

三山联络起，苍翠插云霄。

有意为云雨，千秋暮复朝。

①录自《金陵览胜诗考》。

②作者介绍见第十篇“名人履痕”。

过马府岘[1]

(清)甘煦[2]

崎岖马府岘，清冷侍郎桥。

老树齐云暗，荒村抱水遥。

我行殊未已，兵气几时销。

相对栖皇者，悉听道路谣。

①录自《贞冬诗后录》。

②作者介绍见第十篇“名人履痕”。

女山高为甘节妇金氏作[1]

江鸣銮[2]

女山高，我盖闻诸云台山下之歌谣。

云台两峰屹相望，男下女兮成之爻。

甘子乐愚居其麓，与我结契投漆胶。

屡言家有贤弟妇，哀哉太息被两髦。

慨自故人玉楼去，廿年未蹑山之椒。

西望云台发长叹，清秋黛色空岧峣。

吁嗟乎!

乃翁官卑不入循吏传，西江五斗徒折腰。

况斯荼苦在草莽，谁挥彤管扬清标。

方今兰州、静夫两夫子，文中山斗诗中豪。

吾友孚筠亦人杰，淋漓大笔纷琼瑶。

吁嗟乎!

故友之墓悲宿草，矧乃仲氏篪先抛。

节妇之节独不朽。吁嗟乎！女山高。

①录自(清)朱清曾、朱绍亭辑《国朝金陵诗征》。

②作者介绍见第十篇“名人履痕”。

石塘十景诗[1]

(清)姜廷选[2]

姑山晚照

横望西来第一峰，半天摇晔夕阳中。

紫金乱掣崖前景，绿雾微生草际风。

叠叠岚拖完市北，霏霏霞散白山东。

村烟两社连霄爨，撑起余晖漾碧空。

完市晴岚

两峰壁立石如门，门内岚光任吐吞。

草色暗霑晴翠动，林烟高拂午阴翻。

依稀媚黛原非黛，仿佛春痕岂是痕。

底事渔郎寻不到，氤氲常锁日山垠。

云台夜钟

云锁台高月欲流，一声钟响彻山陬。

恍来天上音偏远，便到人间韵总幽。

扣动红尘传妙觉，敲开白社见真修。

村墟不隔仙原境，夜夜雷师报小楼。

阴子晓日

四壁山凝夜色沉，一轮先已照高岑。

铺崖草露空明立，匝树村烟远近森。

岚气蒸开千嶂影，鸟声喧彻半窗阴。

饶他樵采人偏早，穿透红霞入径深。

西村桃坞

风回水绕淡烟遮，处处山桃尽着花。

晓日沿村堆乱锦，春风满谷荡飞霞。

数枝仙种云间出，万颗琼肌屋外斜。

一自武陵人到后，更谁重访旧津涯。

南社梅溪

岭南岭北总含芳，傍屋穿篱绕涧长。
一抹轻霞匀醉脸，数痕新雨沐红妆。
风回水面签波丽，鱼戏枝头咽影香。
自是杏林花未发，错令人作午桥庄。

凤岘春阴

姑山迢递女山横，山色横拖雨势倾。
竹树遥连空嶂暗，云烟多傍断崖生。
黄鹂带湿梭红巧，紫燕冲阴剪绿轻。
闲坐小楼频眺望，落花满巘谷风清。

神冈月色

屈曲村阴抱古丘，宫山壁立月当头。
漫空霜气连天卷，绕屋烟光贴地浮。
钟响云台千嶂白，影捎梅社一溪幽。
林泉到处清晖满，隔岸人家尽倚楼。

环村雪岭

满谷烟消漾月华，烂云堆里识村家。
山围四壁多无影，树绕千章尽吐花。
银海白光连屋动，玉楼寒气隔窗赊。
凭谁更着王恭氅，人世仙原路岂差。

隔岸风篁

三槐庭外竹千竿，山后山前促细寒。
戛碎玉声风淅淅，筛低金影月抟抟。
凉生蒋径余青袅，暑退羲窗嫩绿攒。
怪底缘村多景胜，四时传语报平安。

莲江姜廷选题于“三槐堂”

①录自《石塘王氏宗谱》。

②作者介绍见第十篇“名人履痕”。

入云台山[①]

（清）刘思真[②]

晓进云台路，苍茫日未升。
露浓双屐滑，风爽一襟澄。
野鸟啼岩顶，幽花贴石稜。
纡回随路转，犹未陟崚嶒。

①录自《国朝金陵诗征》。

②作者介绍见第十篇“名人履痕”。

文

石塘王氏宗谱序[①]

（宋）真德秀[②]

族谱也者，所以谱吾族，而率族之人尊吾之尊，亲吾之亲也。族不谱则祖宗存殁之日莫之知，葬埋之地不之认，而吾身之所自出将馁而不全，尊尊之道乖矣。族属亲疏之名分不明，远近降杀之脉络不识，而吾亲之一体数分者，将有同于路人，亲亲之道废矣，此族之所以不可不谱也。况王氏诗礼传家，簪缨继世，尤族之最表者，又何可无谱以会取之。今会源先生以南北之谱、绘图不传，传其三卷，计六十条，庶几可以享祀先祖，登拜坟茔，叙昭穆，通庆吊，昭扬先德，告戒后人，其于尊尊亲亲之义为小补也。为王氏之子孙，尊知其所当尊，而不混于所施，亲知其所当亲，而不紊于其序，然后可以体祖宗之心，而不负先生修谱之至意，是谓孝子兹孙。

爰书以为之序。

嘉定八年十一月既望

江东转运副使西山真德秀撰

①录自《石塘王氏宗谱》。

②作者介绍见第十篇“名人履痕”。

石塘王氏宗谱序[1]

(清)陶绍景[②]

王氏本一源，而流分两派，一曰琅琊，一曰太原。金陵自东晋以来，琅琊已称极盛，南渡而后，太原亦既蕃昌。

金陵之南疆有山曰云台，冈峦耸拔，从蔟绵远。南宋时，太原裔萃一公卜迁於是山之西麓，曰石塘，继之承之，为金陵望族。石塘距余乡三十里，与余族叠为姻娅。今年庚申，修辑家乘，其后裔经略先生汇其稿，属序于余。

按其先世，自子乔公生子敬宗，以国为氏，传九世翦公，为秦名将，至十三世离公，生二子，长元公居琅琊，次威公。威公生子吉，吉生骏，先后举孝廉，为谏议大夫。骏公生崇，官御史，封扶平，三世以忠贞奏绩清廉，著名汉史，班班可考也。二十五世韶公迁太原，遂为太原王氏。王之分两派始此，六朝及于隋唐，硅组辉映，代不乏人。贞观之时，三十五世天泽公为御史，进族谱，渊源益灿然矣。

迨宋初，四十二世晋公祐由太原迁南阳，仕宋，官至兵部侍郎，多隐德，以直道不克为相，手植三槐，期之后人。已而魏公旦，祐公仲子也，追述祖德，修辑谱图，相真宗於景德、祥符之间，福禄荣名，千古罕有。再世以直谏事仁宗，出入侍从将帅三十余年，非所谓后先济美，相得益彰者欤！呜呼！庭槐植太原，盛德弥厚庆弥长焉。

推衍至五十一世萃一公，字会源，宋嘉泰间为建康教授，不尚词章，务敦实行，严课诸生，讲明理学。解任之后，隐居云台之石塘，即后石塘始迁之祖，嗣太原而盛於金陵者也。公生三子，长再一，历职统制，忠勇轶伦。次再二，特授宣抚，德威并著，咸扼于当事，见机解组，退老林泉。三再三，为均赋司，亦挂冠而归，相与敦友爱，乐山水，以徜徉肆志，时谓荣堪媲於二疏，节直追乎元亮，洵非虚誉。嗣是而降，皆不求仕进，或潜修於云台，或课耕於陇亩，或键户以著书，或筑室而讲学。《易》云：不事王侯，志可则也，其是之谓欤。

由明迄於今，传世十余叶，条肆蕃衍，出处不同，耕读参半，虽未能户尽诗书，而皆人敦古处焉。惟於族谱之修，缺如有待。经略先生独能慨然首任，与其族之贤能者，藉魏公之谱图而续修之。远宗子乔公，列之编首，非外之也，太宗之法焉。特祖萃一公为石塘始祖，非敢私也，别子之法焉。不忘远，不涉私，虽千百世不易也。且年有表，家有训，艺文有志，丘垅有图。余爱其法良意美，而乐为之序，将以励天下之守宗法，重族谱者，岂第为石塘之后嗣劝也哉！是为序。

嘉庆庚申年四月之吉，敕授文林郎，晋封奉政大夫，福建台湾县知县，署北路海防同知，前壬申恩科，充云南乡试同考官，加二级，戊午科江南解元慕庭陶绍景顿首拜题并书。

①录自《石塘王氏宗谱》。

②作者介绍见第十篇“名人履痕”。

懋银公传[1]

（民国）王海龄[2]

从来人有可传，事无容没者，虽旷代而犹相感，况历年未远，而人与事尚啧啧人口者，乌可听其泯没不彰乎！如我宗翁王公懋银，字汉卿，实有可传者也。公之为人正直慈良，不矜功，不伐善，勤以治家，俭以持己。其在乡党中，排难解纷，人咸悦服，秉公作（事），人皆信从，是以望重一乡，声称当世，由是魏君家骅太史公甚契重之，故亲笔特书楹联相赠於公，至今犹存也。及至宗族中举为宗政，督理家规，造祠堂，修宗谱，一一出诸公手，而且创修庙宇，踊跃助之，建造桥梁，慷慨从之，人事己事，悉大公无我也。公享年七十有一，原妣吴孺人，继妣赵孺人，均称贤淑，相夫训子有古敬姜风。生子四，长德发，次德财，三德喜，四德源，亦皆克承先志。诸孙辈鹊喜方兴，正未有艾也。兹当华乘续修，余特为公之实有可传者传之，以垂于后云。

民国三十三年岁次甲申季春之吉前清当邑优附生宗晚海龄敬撰

①录自《石塘王氏宗谱》。

②作者为清朝当涂县学优附生，为石塘王氏宗亲晚辈。

王母马孺人节孝传[1]

陆树棠[2]

谚有之曰：殉节易，守节难。旨哉言乎！盖人当痛失所天，神经昏乱，无暇顾计，仓猝以殉，刚勇之人优为之。迨迟之一久，悔吝易萌，《大雅》所谓“靡不有初，鲜克有终”者是也。惟王母马孺人则不然，孺人亦棠之至亲，王君懋深之德配。幼秉母教，从父受书，每读“内则”“女戒”诸篇，未尝不三致意焉。长适王君懋深，璇闺静好，琴瑟调和，南面王勿与易也。乃彼苍多忌，刚逾三年，王君忽罹二竖，巫医并进，孺人衣不解带，服事汤药。无如病入膏肓，和缓束手。永诀时，执孺人之手曰：吾不能终事椿萱，此生憾事，卿能代我尽孝，较胜于徒死多多矣。孺人本拟追随地下，及闻遗言，改变方针，忍痛节哀，终其丧事，上事翁姑，下抚犹子，心如金石，节凛冰霜，补亡夫未尽之子职，守女子清白之大义，数年间如一日，里党戚族无间言。讵瑶池丹诏，遽证仙班，呜呼伤哉！惟宝婺之星早陨，而贤母之颂未成，亦属遗憾。其犹子德培痛婶氏青年守义，历尽艰辛，节义孝

深谷烟岚　　石塘村委会/摄

慈，四德俱备，不惟增光门第，亦足正晚近之人心，挽女界之末俗，不有表扬，何以慰幽魂于地下！亟请于棠，为之立传，刊入家乘，以垂不朽。因辞不获，勉为摭拾俚言，据实敷陈。是篇既成，复系之赞，赞曰：贤哉王母，谁与为伍。三载琴瑟，夫归冥府。遵夫遗言，孝思是补。玉洁冰清，含辛茹苦。天不假年，一抔黄土。贤哉王母，馨香千古。

又律首二首

其一

允代藁砧奉二亲，伤心常作未亡人。

晨昏定省原无间，甘旨频添分外新。

金石声歌皆令闻，松筠气节亦精神。

何年报得劬劳后，化作莲花不染尘。

其二

孤鸾声里复何求，几度伤心赋柏舟。

秋月春花添宿恨，凄风冷雨助新愁。

铅华卸尽尘缘断，碑碣镌成姓字留。

曾氏嫂先贤母后，二难相并著千秋。

中华民国三十三年岁次甲申仲春月榖旦

陆树棠　谨　撰

①录自《石塘王氏宗谱》。

②作者生平事迹不详。

石塘梅花

文

石塘人家似桃源[1]

前徽后苏竹海悠悠

人民日报记者 申 琳

出古都南京向南二三十公里，折上一段省道，弯过两道山梁，耳边一下子静了下来，眼前的竹海翠色逼人。城市，似乎忽然间消失在了车后面。

车子开始盘旋下坡，往前看，一个青山绿水环抱、粉墙黛瓦掩映的村落就在眼前。南京市江宁区横溪街道石塘村，一个有着近千年历史的古村，给我们呈现出一个冬日里依然色彩分明的江南。

村前的几处池塘，水质清澈，一条长廊，跨过水面伸向村外。池塘边上，一条淡红色的自行车道蜿蜒其间，身着蓝色冬装的孩子正欢快地骑车嬉戏。再向外，是数千株梅树，到了冬春之交，漫山遍野灿若云霞。近处山前，是千亩茶园，出产上好的碧螺春和雨花茶……

村里青砖铺地，屋舍井然，花格雕窗，翘首门楼，大红灯笼高高挂，庭院种植春桃、丹桂、银杏、翠竹、古色古香，清幽淡雅。王氏古井、狮背伞、原址重修的王氏宗祠等遗存遗址，讲述着石塘人家的久远往事。

走进村东一处小院，明窗净几，阳光满院，一株梨树映着湛蓝的天空。主人叫王宜成，一个话语不多、脸上挂笑的朴质汉子。“咱石塘藏在山里，虽说山好水好，过去却是又偏又穷，那时候谈对象一说是石塘的，人家就摇手‘不说了不说了’，现在一听是石塘的，人家就追上来，‘再谈谈再谈谈’……”老王说，这都得益于两年前开始的“美丽乡村”建设，村子美了，交通也方便了，城里人来的可多了！

沿着淡红色自行车道向前走，村里人带我们去看两三里外的前石塘村。前徽后苏，刚刚看过的后石塘村，民居错落，朱漆黑瓦，典型的苏派民居。而眼前的前石塘村，却是一个屋舍俨然的徽派村落，面南背北，家家“青砖小瓦马头墙，回廊挂落花格窗”。漫步在林间幽径，想象着春雨蒙蒙的季节，这里定然是烟雨江南的味道。

前石塘村向西南二三里，一汪深潭，唤作“九龙潭”，四周竹树环合，就是当地著名一景——“石塘竹海”了，拥有连片翠竹2000公顷，人称南京“小九寨沟”。正是冬日下午，斜阳西照，潭水竹海皆呈碧色，浑然一体，笼罩在一片轻烟薄雾中。这样的情景，不由得让人想起柳宗元的《小石潭记》，一样的清幽，却并不凄清。拾级走进竹海深处，光线却极柔和，无数光影随风摇动，偶尔传出一两声清脆的鸟鸣。

在竹海稍作逗留，却已感受到石塘人家的淳朴民风。卖烤红薯的郑家阿妈看到我们一行人，热情地拿出一兜烤好的红薯送我们品尝。

天色将晚，我们即将离开这美丽的山村返回城市。回首满山翠绿茶园，耳边不禁响起那首温暖的歌：“家乡的茶园开满花，妈妈的心肝在天涯……”那些久居都市的人们，在这个静静的山村，何人不起故园情。

倘有一缕乡情相牵，城外的风景，其实很美……

①录自《人民日报》2014年2月10日第2版。

石塘村咋做休闲文章？①

（节选）

人民日报记者　常　钦

量身设计，带头尝试
空巢村变身山居人家

“粗茶高吟大风歌，淡饭平添乡情义”，一进这户人家，抬头就看见这副对联。“这是城里游客在我家吃完饭写下的。”南京江宁区横溪街道石塘村的许红艳声音洪亮。

别看她才28岁，这个农家小院经她跟公公、婆婆整修改造，已经成了游客们入住、就餐的热门去处。正是周六，村子里游客多了起来，许红艳不光前后张罗，还亲自掂勺炒菜。

以前在城里打工，做销售，现在她辞职返乡，在自家院子里经营着“农家苑”生意，楼下是饭店，楼上是住房。

“出门靠脚走，种田靠天收”，在2011年之前，石塘村还是江宁区最偏远的山村。村庄只有64个老人留下来，是远近闻名的空巢村，人均收入不足一万元。2011年10月，南京江宁区结合石塘村实际，确定生态旅游与乡村风貌相融合的发展方向，后石塘村被命名为石塘人家。先后完成村内道路、绿化设施等建设，对现有民房进行了改造。村里河水潺潺，山峦、栈道倒映其中。白墙黛瓦、木格门窗，一派江南民居模样。

石塘村容村貌有了改观，但是距离富裕还很远。“想办农家乐可不容易。”石塘社区主任潘福林说，当时村里大多数劳动力外出打工，留在村里的以老年人为主。就算有能力开农家乐，很多人也不愿意带头冒险，村民们心存顾虑，“村子虽然改造好了，但是如果没人来，开了农家乐也亏本。”

打开局面，得有人带头。村干部率先租

用村民的房子开了3家农家乐，生意很红火，两个月赚了10多万元。看到有赚头，很多村民开始试着自己搞起农家乐，最初的3家农家乐，村里也转给村民经营，慢慢地不少在外打工的村民也陆续回来，加入其中。

“当时村干部带头，街坊都在观望。没过多久，人气上来后，餐饮住宿供不应求，很多游客到村民家里找饭吃。”许红艳说，她看好农家乐的发展前景，跟丈夫商量后，决定辞职回到石塘村。她对三层小楼进行了装修，取名“农家苑”。

“这一顿按人头也就三四十元，咱跟大酒店星级厨师比不了。人家来咱这，就是吃个特色。”提起拿手菜，许红艳的鱼、扣肉、时蔬小炒游客十分认可。

今天“五一”小长假，许红艳一下接到20桌的预订，为旅游团赶做团队餐。从2013年开业到现在，虽然只有三年时间，一年已有三四十万元的纯收入。到了旺季，许红艳家能提供11个房间，16桌客人同时就餐。现在不少游客打电话预订饭菜，住宿信息也挂上了各大旅游APP软件上。

用新视角，发挥自身潜力
唤醒“沉睡”的资源

最近，石塘人家迎来一批不一样的客人，他们不光要来参观，还要取经。9月1日，农业部农产品加工局带着全国16个省（区）贫困地区，有发展休闲农业和乡村旅游资源禀赋、发展愿望的152名村镇干部、合作社负责人，来到江宁区通过“讲座+参观+学习+座谈”的方式培训，深入到农家乐进行现场实习，亲自参与农家乐的经营。

“村干部处在农村工作的第一线，担负着带领群众脱贫致富重任。”农业部农产品加工局副局长马洪涛介绍，我国许多贫困地区具备发展休闲农业和乡村旅游产业的生态、历史、文化等天然优势。但目前这些地区产业发展带头人少，产业发展方向不明，资源的价值没有被有效发掘，属于“富饶的贫困”。

马洪涛说，目前，我国许多农村地区的劳动力外流，守着丰富的乡土资源，却没有发展能力，出现了“抱着金饭碗要饭”的现象，成为制约农村发展的突出问题。他分析，2015年全国休闲农业和乡村旅游接待游客超过22亿人次，营业收入超过4400亿元，从业人员790万，带动550万户农民受益，说明休闲农业、乡村旅游需求旺盛。用新视角、新需求去审视和发掘本地资源的价值，建立帮扶机制，加快唤醒“沉睡”的乡村资源，形成产业支撑，可以探索出产业脱贫的新路子。

在石塘人家，不少自动售货机都承包给特困家庭，每台机子都是一个就业点，通过就业增收，逐步解决家庭困难。潘福林说，社区对一般家庭户进行创业指导、技能培训等服务，对困难家庭户主要根据家庭的特殊情况，主要是因病致困的，社区会把村内的自助贩卖机和田园文化村的土地优先给他们经营，还给村民统筹补贴水电费，为特困户设立专项救助经费。

休闲农业发展粗放，时冷时热
急需用创意实现可持续

提到今后“农家苑”的出路，许红艳多少有些担心。“说实话，现在跟三年前基本一个样，没多大变化。”现在村子里很多农家乐进入了瓶颈期，更新速度缓慢，客源不够稳定，淡旺季明显。有些村民旺季回来经营，淡季继续打工，没有经营的持续动力，还缺少劳动力。拿许红艳家来说，餐饮住宿就靠着上了年纪的公公、婆婆加上她3个人打理，经常忙不过来。

石塘村开办的农家乐已达到135家，客栈37家，其他面馆、茶楼等28家，带动相关就业人员600余人。截止2015年村民人均收入达到了4万元，村民的钱袋子鼓了起来。可是农家乐多了，同质化和恶性竞争等潜在的矛盾显现出来了，服务质量参差不齐，拉客、喊客现象突出。

在社区引导下，村里成立了农家乐协会，民主推荐选举产生会长，就价格、服务理念、餐饮卫生与食品安全等方面协商达成一致，每年还进行内部评比，对游客的订单进行统一派单。

行业协会还邀请专家、饭店主厨定期进行厨艺、食品安全等培训，保证农家乐的菜品质量和用餐安全。建立网站和微信平台，设立宣传页面。游客可根据用餐环境、特色菜肴、就餐人数等不同需要进行选择，并网上付款、订餐。

目前，休闲农业发展方式还比较粗放，存在基础设施滞后、产品类型不够丰富等问题，亟待国家出台明确发展方向、发展任务和政策措施的指导文件，推动产业提档升级和持续健康发展。近日，农业部会同发改委、财政部等14个部门联合印发《关于大力发展休闲农业的指导意见》，指出要丰富休闲农业的产品业态，鼓励各地有规划的开发休闲农庄、乡村酒店、特色民宿、自驾车房车营地、户外运动等乡村休闲度假产品，探索农业主题公园、农业嘉年华、特色小镇等，提高产业融合的综合效益。

南京师范大学旅游系陶卓民教授说，传统的休闲农业表现方式以采摘和农家餐饮为主，但是随着人们生活水平的提高，游客对休闲农业产品的要求越来越高，不再满足于吃农家饭、住农家屋、体验农事等活动，必须运用创意改变现有状态，将创意农产品作为升级特色，提升休闲农业的体验。

“下一步打算做特色菜开发，打造吃住玩一条龙服务”。许红艳说，她觉得农家乐要想有长足发展，得注入新的风格。她比较看好离家不远的主打竹林风的望月湾民宿。全竹宴是望月湾的特色菜，88元一套，包括竹子、竹笋、竹蛋等。一年的营业额有200多万元，纯收入80多万元。

“要想立足，必须拉开层次，吃和住，游和玩都要从顾客体验去设计。”老板刘华说，他打算做个以竹文化为主题的客栈，给游客自由轻松的感觉。他正琢磨着健康、养生的发展路子，打造当地独有的“有机”“低碳”的养生餐，结合竹文化的定位，让游客欣赏竹林风光，住宿竹林小楼的同时，参与竹林的种植保护，把生产过程变成旅游体验。

①录自2016年10月9日《人民日报》新农村第10版。

石塘竹海赋[1]

杨益安（江苏）[2]

江山信美，历史绵长；人文蕴积，时代风扬。雄鸡再唱，雄视东方；虎跃龙腾，民富区强。改革恩泽，士衣工匠；开发互惠，中外客商。科教兴区，鱼龙起翔；筑巢梧桐，招凤迎凰。航班起降，街市换妆；翠鸟鸣山，学子朗朗。和谐构建，民奔小康！

细看江宁，古前新风，目不遐接；史前遗址，断续相继；商铜汉铁，陵寝深瘗。古塔凌云，萧寺壁立。翁仲临风，斜塔如泣。圣水温泉，汩汩不息，大明碑材，堪称无敌；秦淮渔火，牛首天阙，天印听风，东山赏月，凡此种种，一一难及。情思所趋，桑梓热血。悄然动容，授于翰笔。

况正有声誉日隆之横溪西瓜，

今且来美誉为小九寨之竹海。

话说江宁一隅，金陵北毗，空港东立。皖水南依，怪坡西接。容我细禀，随吾足迹：横溪古镇西行，路牌渐多。“石塘竹海”，牌坊一座。窗外如画，车内欢歌。崭新村落，映人眼眸。背依群山，面临清波。无边绿色，花木婆娑。

更兼秦淮远绕，横山近置，晴明开朗，云雾幕合，粉墙黛瓦，徽派建筑，鳞次栉比，有致错落。雪白高墙，格外醒目。盏盏灯笼，点缀红绿。青山环绕，连绵起伏。步入幽径，扑面绿竹。竹海流汇，凉风微拂。曲径通幽，光影斑驳。亲水平台，清新肺腑。明潭绿水，游鱼清澈。波纹倒影，荡人心魄。多了清幽，稍逊磅礴。石塘竹海，旖旎风光，刚柔相济。遑论宜兴，不让安吉。江南美景，言语难及。

君不见家家炊烟农家乐，户户张灯同结彩。四乡八邻共探幽，车水马龙塞村寨。石塘竹林三万亩，涓滴溪水汇成海。四通柏油路新修，两侧农家屋全改。水管网、停车场，犄角旮旯草种上。群峰下、清水旁，青砖灰瓦马头墙。吃安全，住舒适，农家土菜迎宾客。

林木葱郁，群峰对峙，仰之则彩云翩跹，映流泉以幽麓；

曲径通幽，竹山凝翠，登之则石径曲盘，听幽风于亭阁。

此情此景，让我想起岑嘉州的诗句“寒天草木黄落尽，犹自青青君始知。”

此景此情，让我想起白香山的诗句“水能性淡为吾友，竹解心虚即吾师。”

俯波照影，身心沉静。可去尘心，抒竹

志，怡竹情，养竹性。此真堪比桃源，胜似仙境。竹海佳境，偃卧何方?江宁横溪、红旗村旁!

若乃红旗社区，宝地物华，山水盈睫。石塘竹海，横溪新页。生态建设，干群通力。旅游示范，连创佳绩。服务跟上，管理相协。乡风文明，村容整洁。环境优美，人际融洽。健康宜居，领导首职。

生态为先，建后来者之丰功；

励精图治，创今乡村之伟业。

举农桑，区域协调发展；重环保，镇乡兼顾统筹。创特色，西瓜聚集人气；争省优，山水带动旅游。

石塘竹海，曾经静藏深闺无人识；

声名鹊起，如今已掀美丽红盖头。

呜呼！兹乃物富时和，春融花香。喜石塘村民趋大有，乐红旗社区上康庄。笔拙难为，情抒不尽焉。

①录自2012年4月《江宁作家》。

②杨益安，1969年生，南京市江宁区丹阳学校高级教师，格律诗社宁社发起人，所撰格律诗、楹联屡次获奖。

云台山史话[1]

程　明[2]

云台山位于江宁区横溪街道境内。横溪街道是在2006年由陶吴、横溪、丹阳三镇合并而成，该山原属陶吴镇。山体呈东北—西南向，面积约7.2平方公里，海拔319.3米。山势巍峨，数十里外，望之秀入云霄。除西部稍见火山岩外，山体几乎全为象山群砂岩组成。

我的家乡就在云台山北麓。山下肃穆高耸的云台山抗日烈士纪念碑、抗日烈士的英雄事迹是我们这代人少年时的红色记忆；山下欣欣向荣的云台山硫铁矿、巨弓满拽的凤云铁路是我们这代人对祖国建设的工业记忆；山下“水满田畴稻叶齐，日光穿树晓烟低”的石塘人家是我们童年时的乡村记忆。我个人的这些记忆，只是云台山这部大书的薄薄一页，云台山还有着悠久的历史记忆，有着深厚的人文记忆。

云台山地处偏僻的江宁和当涂交界处，离两地治所都很远。地理位置决定它没有牛首山、天印山、青龙山名气大，没有它们人文价值高，以致在很长一段时间里，地方志书对云台山都阙而不载。虽说是“养在深闺人未识”，可云台山秀丽的风光，淳朴的民风，时时牵动了人们的目光，吸引了人们的脚步。它的身姿掩映在历史的长河中，终究还“天生丽质难自弃”。

清《嘉庆江宁府志》载：“次年渡江取芜湖，而梁沿江列兵不可过，故曲从其东，取今小丹阳鼓村路，行云台山之南，至秣陵故城。”这是云台山最早出现在历史事件中，所记是南朝梁太平元年（556）五月，北齐对梁的一次入侵。上一年，北齐沿长江侵至石头城，而梁沿江防御甚严，最终失败而归，所

后石塘远眺　　石塘村委会/摄

以这次他们从芜湖取陆路，进攻梁朝都城建康。《梁书·敬帝本纪》《陈书·周文育传》均记载此事件。但都未出现云台山之名，可见云台山是后人追记的名称，当时的山名杳不可闻。

南宋时，云台山成为建康城南郊的登览游观之地。《石塘王氏宗谱·张炳序》："宋宁宗嘉泰间（1201—1204），有萃公者为建康教授，避迹尘嚣，游金陵城南，观云台山之西隅，地僻而幽，四围峰峦矗起，一湾溪水环绕。"这篇序言作于清嘉庆五年（1800），萃公即是石塘人家王氏始祖，建康府学教授王萃一。《石塘王氏宗谱》自南宋以来续修不断，关于始祖王萃一的记载一脉相承，这段话当是转述自前代序言，最早可上溯至南宋。这是云台山及周围景致首次见诸志乘，云台山始为世人关注。

云台山不仅风景优美，而且地理位置重要，清《嘉庆江宁府志》称“此山南走栲栳而至姑孰（今安徽省当涂县），北走天阙而至长干，实龙脉起顶大山也”。可奇怪的是，从南宋到元朝、明朝，所有的地方志都对云台山只字不提。云台山长期被淡忘，后人提及此事，只能徒唤奈何！

一个人的出现，改变了这一局面。清金鳌《金陵待征录》云：“云台始见刘觉岸《存征录》。”刘觉岸，名思敬，字纯之，号觉岸，江宁（今江苏省南京市）人。清顺治丁亥（1647）进士。他居官尽职，擢升参议，后辞官，归养金陵，一心整理乡邦文献，修志著书。清周亮工《存征录序》：“金陵景物更为宏侈。先生既生斯地，又负异才。闻见之赅博，考核之精详，笔法之高简，于是编已著其概，使由人物而更及山水、建制、宫阙、寺庙诸记载，共成一书，足尽金陵之盛。”借助这样一位热爱家乡、熟悉家乡的学者，云台山重新回到人们的视野中。

遗憾的是，笔者遍寻各地，也没找到《存征录》全书，只在国家图书馆找到该书第七卷。此卷内容为人物，没有关于山川的内容。令人宽慰的是，金鳌在《金陵待征录》中说，《存征录》中关于云台山的介绍，“佟志因之，吕志所据也”。佟志是指佟世燕所修《康熙江宁县志》，吕志是指吕燕昭所修《嘉庆江宁府志》。就是说，刘觉岸对云台山的描述，被这两部志书继承了下来。

“云台山在县西南六十里，高五里许。山南有古松，夭矫百尺，俨若画图。下有泉，澄泓可爱。西迤十里，曰虎肱洞，有巨石，若囷盖。复有石丈人，春社报赛，为胜迹云。前志独轶，然后知幽胜之不能具述者，尚多也。”佟世燕修、戴本孝纂《康熙江宁县志》中的这寥寥数语，确实体现了“闻见之赅博，考核之精详，笔法之高简”。在刘觉岸笔下，云台山的古松、清泉、石洞，宛如一幅图画。

刘觉岸还提到了当地一项民俗活动——春社报赛。人们把云台山上一块巨石尊为石丈人，每年春天举办祭祀活动，祈求人寿年丰。这一地区举办春社的历史很长，宋杨万里《横山》诗云“灯笼箫鼓年年社，酒盏莺花处处人”。横山离云台山只有10余里，宋朝，这里每年都举办热闹的春社。据民国孙濬源、江庆沅编《江宁县乡土志》，江宁风俗，“每届春季，相率为迎神赛会之举，或一村一社，或合数村为一社，大率合四十八社而建一庙。赛会之时，每社合树神旗一，鸣锣击鼓，兴高采烈，敛钱演戏”。可以想见，每年春社祭祀石丈人时，云台山周围各村的民众，涌向山上，鼓乐齐鸣，社旗招展。活动持续到晚上，灯笼火把点亮夜空，人们演戏娱神，交杯换盏，释放豪情。祭祀石丈人成了村民们的一场春日狂欢。

此后清代各志均沿袭佟志，或全文照录，或摘录部分。到同治年间莫祥芝、甘绍盘合纂《同治上江两县志》，才增加了一些新的内容："云台山在江宁西南陶吴镇，上有古寺曰云台，以山名焉。傍有石龙池，澄泓可爱，清鉴毛发，纤鳞游泳，或云龙族……山产品字兰，春来作花，三勾并茁，合颖缀跗，宛如连理。杨若偕诗'墨写幽兰寻品字'谓此也。有明侍郎顾起元墓，国朝提督王万祥墓亦在焉。有瀑布、泉。"志书编纂者对云台山颇下了一番功夫。名人墓葬、前人诗句可从书中查出，石龙池的水质及生物、品字兰的形状，这些必须亲至云台山，登高山，入深谷，才能了解清楚。他们也可能得之传闻，那也证明，云台山吸引了更多的人前来寻幽揽胜。这部分内容后收入《首都志》中。

因为时间、地点和编纂者的不同，云台山的记载变得参差不齐。有的含混不清，留下难解的谜团。有的相互矛盾，让读者无所适从。有的甚至张冠李戴，误认他山是此山。

关于云台山与男山、女山、姑山之关系，清金鳌《金陵待征录》云："云台山旧志未载。按杨若偕诗注，云台左男山，右女山，或即志所纪之姑山欤？明人记载好更新名，如清凉、观音二山是也。"

杨若偕是清嘉庆年间（1796—1820）诗人，家住陶吴。云台山离陶吴镇不远，他怀疑云台山就是旧志所纪的姑山。金鳌还从旁佐证，说明朝人喜欢给山起新名字，也许就是在明朝，原先的姑山改名成了云台山。

我们来看旧志中的记载。明《万历江宁县志》："男山、女山、姑山在朱门乡，三山联络，森秀挺拔，苍翠若芙蓉。女山有石洞，号为仙灵遗迹，数十里外望之，秀入云霄，群山鲜匹。"确实和云台山形神俱似，而且朱门乡就在附近。志中还附录顾起元咏男山、女山诗："瑶篸兀聿冠云鬟，玉笋参差列御班。日月中分龙虎地，雌雄双插斗牛间。孤论大小依通隐，对拥儿孙媚客颜。绝壁过云垂瀑湿，坐看归鸟碍飞还。"诗中所咏山势、景象也很像云台山。但在《康熙江宁县志》中，男山、女山、姑山和云台山分别作了介绍，各山之间的相对位置也比较清楚，这给我们带来了困惑。

《石塘王氏宗谱》附有石塘坟山图，绘

于清光绪二十六年（1900）之前，图中云台山东面的一座山标为姑山。云台山主峰高耸，像一位挺立天地之间的男儿，姑山就是慈祥注视着他的女性长者。据此图，云台山当是男山。云台山究竟是姑山还是男山，在新的更确凿的证据出现之前，笔者只得存疑。有意思的是，云台山附近山脉名称都很形象、朴野，如牛迹山、马鞍山、横山，只有云台山的名字清晰、雅致，或许真是文人起了新的名字，故而造成了混乱。云台山所建是佛寺还是道观？清《同治上江两县志》云："上有古寺曰云台，以山名焉。"很清楚，山上建有佛寺，以山命名，就叫云台寺。后来又有不同说法。2011年编纂的《横溪街道志》载"相传云台山巅的白云观，始建于宋代。观址前后3进，共20余间，前进右侧3间为楼房。观北有一小龙池，池水清澄，常年不绝"。志中称根据传说，其实文献中也有记载，清金鳌《金陵待征录》即称"横山有白云观，石龙池"，只不过地点是横山。山上到底是云台寺还是白云观，笔者倾向于前者，这从当地人的叙述中可以得到印证。再者，乡间寺庙和道观区分并不严格，建筑、装饰的规制也不讲究，同时供奉观音大士和太上老君的现象并不鲜见。乡民们前来进香，求的是心理安慰，至于佛道的区别，义理的不同，他们本不在意。

还有把其他地方景观误认作云台山的。1989年编纂的《江宁县志》载，"《建康志》引《六朝记》云：'云台山北有大石，如卧鼓，中空，可坐数十人，其高九尺，上有小石，吴时呼为石鼓。'今已无存。"石鼓成了云台山上曾经存在过的一处奇景。查阅南宋《景定建康志》，石鼓在牛首山，书中接着写道"《河图内元经》云：'牛头山南峰北面有石洞，高一丈五尺，中有路相通，时号为石鼓，天欲雨，则石鼓自鸣。'"以后，一些专业志书，如《江宁县土地管理志》也采信这一误记，说明这种说法产生了一定的影响。今后谈到云台山，再也不要提那神奇的石鼓了。

云台山远离都市，人迹罕至。即便如此，它还是吸引了一些人，投入它的怀抱，与长松清泉为伴。

清《康熙江宁府志》称："会元顾起元墓在云台山。"顾起元是江宁人，明万历二十六年（1598）会试第一名，殿试一甲等三名，官至吏部左侍郎，兼翰林院侍读学士。他清修自尚，辞官归隐南京，潜心著述，卒谥文庄。顾起元墓在云台山东面曾庄村，墓地所在山冈村民呼为顾家山。这里原是顾起元为父母选择的墓地，自己又归葬于此。顾起元《为先大人卜兆已成纪事》云："积水潆洄叠岫长，新阡谁为卜南阳。高天有泪悲黄鸟，荒陇无心种白杨。"顾起元中意这里的山水，父母能安息在这里，他感到宽慰。每次到访，他都被云台山的美景所吸引，《同四弟之曾庄》诗云："迢递蓝舆入乱峰，扑天螺黛簇芙蓉。行人但指云中寺，古道常欹石畔松。"父亲去世后，顾起元"辟踊而奔，奉翣归兹，将启女山之阡而窆焉。"（明顾起元《先中宪府君行状》）顾起元称父亲墓地为"女山之阡"，阡为墓道，墓道在女山之麓，也说明了男山、女山、姑山和云台山名异而实同的可能性。

顾起元墓在清朝末年时已踪迹难寻。民国王孝煃《里乘备识》：“（顾起元）裔孙绍劬茂才访得之，谓墓形极峻，土阜卸处，见有粗碗重叠，砌土成坟。乡人有拾取一二者。绍劬索其一以归。碗质重，略有白釉，但已三百年物矣。”历经300年风雨，顾起元墓坍塌毁败，墓中物品散落丛莽中，令人唏嘘。顾起元与云台山的不解之缘为我们留下了许多宝贵的文字，足以弥补志书记载不足，这又是云台山的幸运。

清金鳌《金陵待征录》又称：“王万祥墓在云台山。”王万祥是甘肃会宁人。三藩叛清期间，他参与平定陕西、宁夏叛乱，屡立大功，授定海总兵，后调兴化（今福建省莆田市北）总兵。清康熙二十二年（1683），清廷统一台湾，选调王万祥赴台镇守。在台湾，他建城郭，储粮食，民众得以安居。数月后，升任福建陆路提督，其时台湾府属福建省。王万祥在福建任职17年，边隅大治，百姓乐业。闽人特立生祠，春秋享祭。据清《康熙上元县志》，王万祥“方镇台时，遗使诣金陵卜居，将归老焉。及卒……诸子奉柩卜葬于金陵，从公志也”。清廷追赠他太子少保，谥号壮敏，并赐葬。康熙帝赐文立碑，极尽哀荣。王万祥文能治国，武能安邦，魂兮归来，云台山因为他而增加了分量。

云台山僻远、幽静，是钻研学问的好地方。清《嘉庆江宁府志》载：“翁荃，字兰友，一字止园，江宁人，入学后不事科举，入云台山，钻研经训。《五经》《三礼》皆有纂说，古文诗歌成集，藏于家。”翁荃的儒学造诣很高，清甘熙《白下琐言》称其“究心三礼学”，与桐城方望溪、高淳张彝叹、同里刘古塘称为“四子”。他入云台山约在清雍正年间（1723—1735）。翁荃在《田家诗拟陶》诗中自况“穷经一生事”，在这数年中，云台山的松涛和钟声不知助他解开了多少经书的奥义。

中华人民共和国成立前后云台山的情形，笔者访问了石塘人家两位长者。他们的讲述为我们呈现了一段鲜活的历史。

程学保，1945年出生，初中文化，曾任生产队会计、队长、大队主任、书记。他小时候登上过云台山，那时山上的庙还在。他记得，一进山门有泥塑护法神——哼哈二将，二进是罗汉堂，供奉着许多罗汉，三进是大雄宝殿。他记忆最深刻的，是立在天井里的功德碑，上面刻着捐款人的姓名和所捐款物数量。他之所以印象深刻，是因为他在上面找到了自己父亲程从善的名字。上面还有程从权的名字，是和他同去的小伙伴程学忠的父亲，权字刻的是繁体字，程学忠没认出来，他还特意指给他看。这块碑他后来还见到过，已被山上的地质勘探队用来砌筑水池，后不知所终。根据推算，这块碑是1940—1949年乡民们修缮云台山寺庙的功德碑。他还记得，云台山上有一座小庙，叫西山庙，主持人成顺戒行精严。一次去镇上，回来时有村民让他帮忙提一块猪肉，他不好拒绝，一路用小指提着。回到庙里，他把那只沾了荤腥的小指剁掉了。临终时，他进入一口大缸，安然坐化，真身一直不腐，成为云台山一大灵迹，当地人叫作“老人干”，“文化大革命”中被当作封建迷信遗存，在石塘人家土地庙烧毁了。

赵发荣，1932年出生，少年时当过放牛娃，1946年6月参加南下工作组，9月加入中国新民主主义青年团，一直在陶吴、横溪、丹阳一带从事基层行政工作，后调入南京市建邺区政府。他写作了《自述家史》，有专门章节描写云台山。云台山有仙人洞、八仙台、大龙池、小龙池四大景观。传说仙人洞前面有一块大石头，中有凹槽。一天，庙里的道人发现凹槽里长了一层白米，够他一天食用，每天如此。道人想多得些米，偷偷把凹槽凿大，谁知从此以后，凹槽里一粒米也没有了。这个故事告诫人不要贪婪，村民们常用这个故事教育晚辈。当地还流传着一种说法，云台山的菩萨照远不照近，说在浙江嘉兴南湖水底能看到云台山的影子。这自然是无稽之谈，可确有嘉兴、湖州、绍兴一带的人，不惧路途遥远，来云台山进香。周围村民采摘山货，卖给他们，补贴家用。

云台山庙里有送子娘娘。求子的人半夜进山，进完香，从香案上拿一个小泥人，用红布包好。下山要换一条道，以免求来的子受到冲撞。求子成功，再将泥人送回，烧香还愿。

碰到大旱之年，会在云台山举行祈雨仪式。用红布包好一只陶罐，由两名村民抬上山，在小龙池里装满水，捉一条小金龙（实际上是蝾螈之类的两栖动物）放进去，敲锣打鼓下山，将此罐供奉在特设的香案上。等到下雨，一群人伴着锣鼓，将小金龙送回小龙池。

他还说，在半山腰，一座当地人称为马鞍的山冈前，有一座小庙，没有门，只有东面一堵墙，南、西、北三面敞开，中塑一尊菩萨，大家都称作开山菩萨。小庙给人们提供了一个中途休憩的场所，另外也提醒人们，收拾一下心情，准备脱离山下的凡俗世界，进入山顶的庄严境地。修缮山上庙宇所需的砖瓦木石等材料，都堆放在山脚，由香客携带上山。这既解决了实际问题，又考验了香客的虔诚，可谓一举两得。

云台山顶的庙叫大庙，最为宏伟，有庙堂90间，佛像百余尊。住持成空，在查塘和甘村有庙田，由查塘村民陈其仁代管。西山庙有庙堂数十间，佛像数十尊。东北半山腰还有一座仓颉庙，供奉造字的仓颉，住持成有。在1958年“大炼钢铁”运动中，3座庙相继被拆毁，所拆材料用于搭建工房。

从两位长者的叙述中，我们能感受到，云台山对当地百姓意义非同一般。云台山丰富了他们的精神生活，寄托了他们的信仰。

云台夜钟宛如仙乐，曾是当地著名景观。清姜廷选《云台夜钟》诗云：“云锁台高月欲流，一声钟响彻山陬。恍来天上音偏远，便到人间韵总幽。扣动红尘传妙觉，敲开白社见真修。村墟不隔仙原境，夜夜雷师报小楼。”

随着山顶大庙消失，这一景观不复存在。“云台夜钟”隐隐约约，断断续续，对云台山仿佛有某种象征意味。这座山经历了太长时间的忽视和淡忘，但它遗世独立，远离尘嚣，反而保持了素朴和自然。重回人们的视野，它又会奉献出自己的美和善良。“云台夜钟”能否重现并不重要，云台山的过去就像这钟声耐人回味，令人神往。

①录自2017年《江宁春秋·16》。

②作者介绍见第十篇“人物简介”。

后石塘村的风水信俗[①]

苏　润[②]

基本概况

后石塘村是横溪街道石塘人家社区所辖的一个自然村，2019年村中有174户、454口人。村民王允和家中珍藏着一套王氏家族宗谱，该谱修于1944年。谱中介绍了王氏始祖的生平，更是详细记载了后石塘村的地貌：“观云台山之西隅，地僻而幽，四围峰峦矗起，一湾溪水环绕，水流数里，左磨笄，右垒土，两山高数十丈，俨若户枢笃峙，盖天设键，以锁钥所宇也……因其环山如塘，名曰石塘。中界有一小垄，前则施氏居焉，别之曰后石塘。”根据王氏族谱记载，后石塘村至少有1000多年历史。

王氏先人建康府学教授萃一，深谙《易》学，了解风水，选择后石塘作为归隐田园的栖息地，在这里安排祠堂、神庙、坟茔、居室、田地、水系，井然有序，开创了王氏子孙重农务本，耕读传家平静自在的生活，至今在这个山村仍保留着王氏宗祠。

王姓、施姓为本村原住民，后又有安徽河南及其他地方迁徙而来的程姓、汪姓、胡姓、杭姓、方姓等，大家都有各自的信仰习俗，在千百年的发展中，大家求同存异，共同守护着家园的安宁。在漫长的岁月中，作为村中信仰的标志物有的已不复存在，有的还继续着使命，传承着信仰与习俗。

历史传承

一、两座土地庙

过去一般乡间村庄会有一座土地庙，这是源于远古人们对土地的崇拜，土地能生五谷，是人类的衣食父母。人们祭祀土地，祈求五谷丰登、丰衣足食。后石塘村过去有两座土地庙，村南村北各一座，这与一般乡村有区别。现在村中70岁以上的老人都有记忆，他们也不知道村中为何有两座土地庙。一位76岁程姓长者还记得土地庙上的对联，上下联各以“日”“月”异型的四字组成。一般过去土地庙的对联大都是：“保农夫四时吉庆，佑田禾五谷丰登”“佑当地清泰，保吾庄平安”，这都是表示农人对于土地菩萨的希望。根据王氏族谱所载，后人猜测，村中已有施姓原住，王氏先祖后迁于此。可能与谱中“中界有一小垄，前则施氏居焉”记载有关。王氏后人对此解释是，后石塘村的村前村后，即南北进村口，各有一座拱形桥，像两把有钥匙的锁，护卫着村庄，所以要建两座土地庙与之呼应，共同守护家园，祈求平安。这两座土地庙毁于五六十年代。

二、拱桥的护卫

王氏祖祠在后石塘村的南边，建造的当时应该是村口，周围是田垄山地。祠堂边通往村口的地方建一小拱形桥，村民习惯称之为“祠堂桥”，西边山垄流下来的山水自然冲积形成的小沟壑，阻断进村的路，拱桥的建造方便了进村。村北边也有一条路进村，入村处也建一小拱桥，名为“游子桥”。村民介绍，这两座桥就是后石塘村的两把锁，拱形的设计就是将桥设计成锁的样子，把持着村前村后两个大门，护卫村庄周全。至于桥建于何时没有人能说得清了。再回观王氏族谱载：“俨若户枢笃峙，盖天设键，以锁钥所宇。”建桥既是方便出行之举，又是风水理念的落实，与族谱描述的情形对应，就不难理解这两座桥的意义了。

三、狮背伞之神灵

在王氏宗祠的门口，有一巨石形同狮背，石头上有一颗巨大的榉树，枝繁叶茂，叶冠如伞，一直以来大家都把这里称之为“狮背伞”。相传，王氏祠堂建造初期，某年大雨，洪水肆虐，田地尽毁，雨过天晴，一巨型狮子石挡于祠堂边，威武雄壮形象逼真。不久在无土的狮背上生长出一颗榉树，根植石头，生长迅速，叶冠浓密，如一把伞撑在狮背上，村里百姓视为神物。

自从狮背伞神落脚后石塘村后，村上就不允许舞狮子玩狮子等活动。周边村落过去春节期间都有玩狮子的串村走户，后石塘村只允许玩花灯、龙船的进村。也不允许作为建筑装饰的石狮子落户后石塘村，村上杜绝以狮子为图腾。至今后石塘村民没有人家敢打破这个传统，怕冲犯了狮背伞的神灵之气，给村庄带来灾祸。

四、村中有神道

在后石塘村的中轴线上，有一条南北走向的主干道，村中人称“中间巷”。这是过去村上的主干道，也是一条神道，村中地势北高南低，东西走向中还有一条长岗，称之为“来龙岗子”，在这“来龙岗子”的正中分成东西南北线，神道跨东西走向的来龙岗子。这条神道的铺设源于开村之姓王氏先人深谙风水。村中人家有人去世，抬材出殡一定要走这条路。后石塘村出殡习俗与江宁其他地区基本相同，只是有着细微的区别，在出殡回来后，除了“跨火”辟邪外，主家还要准备生姜糖水。生姜糖水被称之为“糖生水”，与“唐僧”谐音，寓意长生不老。

据村中年长村民介绍，过去后石塘村虽地处偏僻，却是个非常美丽富裕的村庄。村中大姓过去多半在杭州、苏州做丝绸生意，村中建筑也是苏式风格。也就不奇怪民国年间，南京商会会长、著名实业家、慈善家魏家骅归葬于后石塘村了。魏家骅家族曾在南京经营“魏广兴”缎号，据民国《中国现代实业志》记载，“魏广兴丝织厂，每年产量在2000匹，产值在80000元”。直到魏家骅去世，“魏广兴”缎号还不断发展，仅次于南京胭脂巷的“李久大”缎号。魏家骅墓至今还在后石塘村，村民称之为“知府墓”，现在村民简化称此墓地叫“魏家骅”。魏家骅墓的地址就在神道东西走向的“来龙岗子”西边，是块牛眠龙绕的吉地。

60年代出生的村民还对村中老房屋建筑有印象：照壁、排水系统、门楼、院子里的蓄水池等。80多岁胡姓长者记忆，他小时候下雨天，村中人走路不需要雨伞，房屋之间都有回廊。村中原先的建筑基本毁于太平天国战火，之后的若干年重建恢复，有些人家因此凋敝，有的外姓就此买下衰落人家的房屋或地皮。在美丽乡村建设之前，村中神道路不宽，路边有排水沟，排水沟旁都是碎砖瓦砾，人们说这就是过去村里被毁房屋的遗存。在美丽乡村的建设中，神道与村中其他地方的施工现场，都挖掘出非常多的整条石、建筑构件。改造后的后石塘村尊重村民的习俗依然留出神道。

五、衲头庵古刹变家庙及多神信仰

衲头庵在明葛寅亮《金陵梵刹志》里就有记载：“在郭外南城山南乡。南去建昌寺十五里，北去聚宝门九十里。”衲头庵古刹在后石塘村的西南方向，基址二亩，佛殿三楹，观音殿三楹，僧房一座，是座小刹，位于前石塘村前的半山坡上。通往衲头庵的山路下，有一汪山泉，当地人称九龙凹，现在是石塘人家的著名旅游景点九龙潭。

岁月变迁，衲头庵经年失修，无法维系。后石塘村日渐扩大，原本王姓、施姓为本，后又有安徽、河南及其他地方迁徙而来的程姓、汪姓、胡姓、杭姓、方姓等，也各自带来了祖籍地的不同信仰与习俗，但民间对佛、对观音等诸神的信仰是一致的。与后石塘村毗邻的前石塘村、窑头村，均在衲头庵周边，都有共同信仰与习俗，因修葺费用不菲，衲头庵本身也无力负担，史志没有记载衲头庵有公产。三个村就采用共同出资的形式修葺衲头庵，并将衲头庵归置为家庙，由三个村共同维护。至于这样的形式从哪个年

青山云蔚后石塘　　李玮/摄

代开始，现在的村民无从知晓。走访村中80岁以上的老人，他们也是小时候跟着长辈参加过衲头庵的各种活动。抗日战争时期，衲头庵的僧房被日本人烧毁。

衲头庵供奉弥勒菩萨与观音娘娘。佛教三节时，三个村的村民都会扶老携幼参加活动，到寺里吃斋饭。三个村的村民也可以在此做祛灾、辟祸、祈福等系列法事活动。活动前与庙里主持沟通好，庙里除准备活动必需的器具外，还会给村民准备茶水糕点。这里过去曾是村民的精神庇护所，活动频繁，香火旺盛。衲头庵毁于1958年，当时寺院所在的山脉探出有硫黄矿，先把衲头庵寺院作为矿工的宿舍，后来损毁。目前还留存老地基、老柱础、佛塔构建遗存、七棵老树，其中有三棵老银杏树，还有一棵巨大的梓树。

后石塘村民与周边乡民对诸神信仰由来已久，方圆五里寺院很多。与衲头庵相近的还有明性寺、高台寺、般若寺、幽谷庵等。雪浪禅师曾到访过衲头庵、般若寺与幽谷庵，他写下了《经衲头庵忆法秀禅师》：“绽衲居无定，双林一岭分。磬声和断续，香霭逗氤氲。石径连疏竹，溪流隔片云。丹书征出处，已是不逢君。”雪浪禅师，即释洪恩，是明朝嘉靖万历年间的高僧。尝说法雪浪山中，故世称雪浪洪恩。诗文集为《雪浪集》。他曾向南游遍后石塘附近寺庵，作有《游般若寺》《过白云庵访懒庵，坐其室读庄子》《宿幽谷庵喜逢静崖法兄》等。

村东边的云台山上建有一座大庙，村民习惯叫大庙，也有记载为白云庵，最为宏伟，有庙堂90间，佛像数百件。还有一座小庙叫西山庙，也有庙堂数十间，佛像数十件。东北半山腰又建一座仓颉庙，供奉造字的仓颉。后石塘村北边山下的渣塘村，还有一座神堂，70年代当作村中的小学校。有房三楹，中间为大厅，西边为小厅，东边是生活用厢房。笔者儿时曾在神堂住过几年，这座神堂建筑规格颇高，砖雕、木雕技艺精湛。隔墙缝隙中有很多响铃猪毛，响铃猪其实就是豪猪，坚硬如刺杆的褐色猪毛可以当做簪子用，不知什么原因会埋在墙缝中。根据2017年的《江宁春秋》程明写的《云台山史话》一文中的记载，云台山西山庙的老主持成顺，临终前进入一口大缸，安然坐化，其真身一直不腐，成为云台山一大灵迹，当地人称作“老人干”。

后石塘周边有近10座庙宇、神堂、庵堂，都是村民们的精神殿堂。在艰难的生活面前，或面对残酷的大自然，人们必须要生存，多神崇拜虽然混乱，却是最本真的愿景。

六、祭祖与修谱

石塘村的王氏祠堂始建于1205年，其后历代均有修葺。解放后祠堂划归集体所有，曾做过村中小学校、做过生产队仓库、加工厂甚至牛棚。2004年初在废弃60多年后，经王氏后人同心协力、重新修葺，并定于每年的十月初十为王氏家族祭祖的日子。分散在各地的王氏后人来到他们祖先开创的栖息地，在祠堂先祖牌位前进行祭拜，每年参加人数至少100人以上。这项祭祀活动从2004年重新修葺宗祠后延续下来，族中有重大事项也在宗祠商定，祠堂成为王氏族人的精神皈依。

程姓是后石塘村的又一大姓，是清朝中后期从安徽怀宁县迁徙至后石塘村的。1999年安徽怀宁篁墩镇成立了怀宁县程氏敦睦堂第八届宗谱编修委员会，委员会根据族谱记载和族中老人讲述，得知有一支程姓后人定居后石塘村，他们辗转找到后石塘村。程氏族谱自明成化年十八年（1482）至民国二十一年（1932）先后续修七次。按祖制，族谱每30年修一次，当时已两度失修。石塘村的程姓修谱小组积极参与修谱工作，至此石塘村的程姓从修谱开始又重新与老家宗族联系上了，后石塘134名程氏后人全部上了宗谱。现在江宁地区唯一一套新安程氏统宗世谱就存放在后石塘村。程氏族人们知道：国有史、家有谱，这是我们的根。

结　语

后石塘村是个有千年历史的古村落，过去的风水信仰与习俗有的是陋习，比如抢亲；有的是迷信；有的则是中国传统文化习俗的延续；有的则作为古迹留下来供后人了解历史。王姓与程姓的祭祖与修谱，让后人一次次接受爱家、爱宗、敬祖的教育。“顺父母、和兄弟、重儒术、务农业、崇节俭、息争讼“等家训，在后辈子孙耳边时时想起。“忠厚传家远，诗书继世长”，村里人对子弟的读书非常重视，形成了浓浓的尊师重教风尚。二十世纪七十年代，村中建有小学，老师程国华一介书生，不擅农活，他家的农活全由村民包办，地处偏僻的山村小学成绩一直在全乡名列前茅。1984年村中还出了个全县高考状元，被北京大学录取。

①录自《江宁非物质文化遗产集萃》。

②苏润，女，1966年6月生，江宁区东山街道人，退休公务员。

旧体诗词

2015年，石塘人家获得“中国乡村旅游模范村”荣誉称号，海内外游客纷至沓来，游览参观。1370位诗人创作新旧体诗2287首，歌咏石塘。部分作品收入《乡村诗歌》第8期“大美石塘”全球华语诗歌征集特辑中。现选取数首获奖优秀作品。

游石塘竹海

杨益安（江苏）

途穷忽转入村头，竹翠群山一望收。
黛瓦白墙相错落，初心绮愿共勾留。
争尝土灶百家宴，齐赞江宁九寨沟。
最喜清溪流野趣，故园春色入青眸。

竹海衲头庵遗址见银杏

许霞（江苏）

一株净静隐千篠，已忘深山曾晚钟。
闻道古庵将复建，闲愁从此不从容。

石塘美

韩志华（内蒙古）

最美乡村有我家，风光旖旎展芳华。
层层竹海翻云雾，阵阵松涛掩野花。
行在林中观白鹭，立于山上挽红霞。
人游此处常忘返，梦里桃源品酒茶。

行香子·大美石塘村

绿浪吸睛，碧水含情。
石塘景，远近闻名。
满山翠染，画面夺屏。

有鹭儿飞，燕儿舞，蜂儿鸣。
松涛跌宕，竹海迷蒙。
小流域、地造天成。
桃源漫步，眼亮神情。
定诗添画，词添雅，人添兴。

临江仙·石塘人家

涂方旭（广西）

竹树青山环西面，
千年村落家园，
清新空气蔚蓝天。
小溪流水碧，林海景观妍。
都市休闲名胜地，
石塘深井潭泉，
传来故事动心弦。
叹风光秀丽，看客旅欢颜。

浪淘沙·大美石塘

杨保锋（安徽）

寻梦赏清嘉，何必天涯？
石塘毓秀吐芳华。
竹海连绵碧浪，坠玉无瑕。
栈道傍溪沙，留月栖霞。
白墙黛瓦眷诗家。
产业犹添高格调，不负梅花。

竹海美景　李玮/摄

蝶恋花·九龙潭风光（外一首）

莫一波（广西）

水秀山清村寨美，
潭水粼粼，四季鲜花缀。
竹海深幽天地翠，
田园绿浪金波璀，
游客踏青临世瑞。
石塘人家，今日逢昌世，
发展旅游新创意，九龙潭畔人丛萃。

沁园春·石塘人家

物阜民丰，水秀山明，大美石塘。
看梅溪滟潋，流银绽玉。
楼林徽派，古色幽香。
竹海扬青，茶场泼黛，金稻青荷晒艳阳。
木桥栈，曲径连伊甸，旖旎风光。
那番景致呈祥。狮背伞，佑村民富康。
念宗祠王氏，族人文治。
幽幽古井，泉水清凉。
九里街坊，商机无限，美食香鲜满市场。
农家乐，走小康之路，喜气洋洋。

菩萨蛮·石塘人家

黄基竹（四川）

石塘醉美青山抱，梅溪流韵花枝俏。
翠竹遍山村，桃源远俗尘。
凭栏心荡漾，栈道再回望。
薄雾绕人家，还来就菊花。

诉衷情·石塘互联网小镇

罗金华（湖北）

新游网上五陵家，竹海衬梅花。
田园驿站留步，刚种菜，便飞霞。
留创客，乳新芽。思无邪。
主题民宿，漫步云端，也驻才华。

新体诗词

石塘人家

海伦（美国）

桃李花开踏青时，远观苏派亭台迎客忙。
小桥流水鱼儿跃，又见青砖小瓦马头墙。
夏日避暑石塘，荷花飘香醉心房。
宁静似桃源，雅居回廊挂落花格窗。
秋天漫步栈道旁，河水映天宋墨香。
竹林诗魂载千古，诗情画意遍山岗。
岁末梅林含苞献锦囊，佳节祥临古村庄。
灵龙卧脊送上祝福，喜庆红灯挂木廊。
梅溪河水洗沧桑，带来池塘泉水福满堂。
松涛竹海吟咏传奇，水墨画卷诉衷肠。

石塘竹海（外一首）

潘汝淦（美国）

这世外桃源，让喧嚣尘世失色。九龙湖孕育了江南小九寨沟，苏皖在此相拥，仿佛重演绝世的传奇。

三万亩翠竹宛若绿色巨龙。

茶园和松涛的回响，汇成的笑声何等爽朗从容。

云锦织彩衣，茶山绵延似诗行。

“五朵金花”落小镇，九龙潭山水林居呈吉祥。

农家乐之恋

潘汝淦（美国）

原生态“绿野仙庄”的炊烟，牵动了远离尘世的思恋。

枕边泡过宁静的月色，醒来再披一身清纯的晓曙金线。

徽派民居赏心悦目，景观廊道优雅缠绵。

“笋宴”诱惑了众多舌尖，“豆文化”谱出永恒的洪武渊源。

梦幻石塘（散文诗）

沈漓（加拿大）

秋色妩媚，温游石塘，但见茫茫一片青山翠竹，雾水氤氲。

蓝天白云和郁郁苍苍的竹林，赤橙黄绿青蓝，纷披于山边湖水之上。

碧水清澈，四周静美。

唯见一小船漂移水面。船行处，如雁过

天空，不留下一片羽痕。

有仙乐升起落下，隐如天外星月。驻足聆听，乃竹管清音。“谁家玉笛暗飞声？”奇音清扬，声花灿烂……

陶醉间，小船不知不觉自水面升起，悬于半空，飘飘荡荡，径自向山上竹海波涛攀飞而去！须臾，三万亩竹海尽收眼底……

清风徐来，漫山竹梢高髻蓬松、婉容低垂，似美人颔首敛袖、不胜娇羞。

我手扶船舷，一任画舫出入林涛、上下山峦，真是美醉了……良辰美景，笛声悠扬，将竹的外形修直之美与内在气节之美表达得淋漓尽致。

仙舫灵动，忽而潜游竹下，循踪石板古道，忽而高翔林上，沐浴璀璨阳光。

我诗心大动，遥忆东坡赤壁，遂和着笛声击舷而歌：“葱郁青翠啊万亩竹海，海连九龙啊壮我情怀！怀抱石塘啊千年古风，风竹萧萧啊一曲竹颂。颂竹虚心啊刚直朝天，天赋妙音啊品德清廉。廉洁流芳啊泽被山岗，岗岚独秀啊大美石塘！”

曲罢，山鸣谷应：“岗岚独秀啊大美石塘！大美石塘！石塘……”噫！不知我梦游竹海，或竹海梦我游之欤？……

石塘月夜

陈曦浩（上海）

湿淋淋的蛙鸣，把水奏成曲，唤起了几洼碧绿，把碧绿推向我的眉梢。

溪水咕咚咚，携来一片月光，涨满了明

翠林竹海九龙潭　石塘村委会/摄

镜般的水塘。

婆娑的竹影，衔着一轮明月，如含着一颗滚圆的露珠，随时滴出水。

烛光舞动，在绿野里漂浮，宛如夜空的流星划过。

歌舞声响起，轻点，再轻点，别惊落那颗露珠。

米酒满上来，泼掉的是前半生的坎坷，喝下的是后半世的圆满。

竹海上的村庄

王志刚（天津）

漂浮在翠绿竹海上的村庄，如此安逸如此丰满。

随朝晖升起的岚，被早起的村人，两颊的潮红汲取，剩下的一些，凝结在游人眼角眉梢。

那个随便扭回头，脸颊飞起彩虹的村姑，一定是感觉被我多看一眼。她像在说你来，我在石塘等你。

碧波荡漾的水库，在你心无杂念时，天地灵气，便会涤荡你的肉骨凡胎。

深度绿（外一首）

余和鲲（重庆）

在石塘，走在乡间的小路漫步，如钢琴上的黑白琴键。

这高高的马头墙，撞晕了迷路的蜻蜓。

在石塘人家，倾听绿色的拂尘和水细语，这绿得发黑的竹呀，有绿色的蝴蝶，在这迷宫里寻找春的伴侣。

一个午后，几只翩翩起舞的蝴蝶，飞进了童年的一个臆想。

脚尖轻探水面，涟漪惊扰了，一群沉睡的隐者。

轻抚小家碧玉的发梢，水面的小荷，睁大了圆滚滚的眼珠，一不小心，就冒出倾国的花骨朵儿，在这绿意深深的世界，一枝独秀。

走在乡间的小路上

余和鲲（重庆）

在石塘，白墙黑瓦，张开自由的超脱，回归一种自定义的宁静。

让肺泡储存更多的氧气，你要使劲呼吸这大自然的原色，把它留在记忆的角落。

在青草更深处的地方，有一汪清澈的浅水，如果你退化成了一条鱼，不要忘记游进这绿意盎然的水中。

这样的搁浅会让人心惊肉跳，这阳光明媚的天儿，站在郁郁葱葱的小路上。

侧耳倾听，一股水冷冷的声音在响动，提起裙边，脱下高跟鞋，追逐这人间四月天，泠泠的水声越来越贴切。

扒遍草丛，也只是看见了汩汩流水，那

踏破铁鞋无觅处的泉眼，恐怕已经在诗句中发酵。

爱在石塘

许登彦（新疆）

棵棵绿竹，根连根、手挽手，每一片叶随风而舞，唱响绿色的生命之歌。

雀鸟在浓密的枝叶间，营造温馨的爱巢，啁啾婉转的鸣叫声，让高天上的流云，放慢了脚步，静心聆听。

纯净的音符轻叩心扉，轻风徐来，空气中氤氲着草木的幽香。

朵朵鲜花盛开，簇拥着金色的阳光，快乐地，尽情追随着彩蝶和金蜂而翩翩起舞。蚱蜢和蛔蛔，在绿色的草叶上轻抚琴弦，歌唱爱情。

红蜻蜓，蓝蜻蜓，成为此刻最美的新娘，尽情享受着静谧的午后时光。

曲径通幽的一架绿色长廊，将最惬意的荫凉，覆盖石塘村的夏天，小桥流水，杨柳依依，江南水乡的景致重现。

雕栏小桥为你束腰，让梅溪河的身姿更加迷人。浓密的树冠，显露出，亭廊飞檐的一角。

向晚清凉的风，吹动银髯，划舟青年的欢声笑语与孩童顽皮的嬉闹声，宛若粼粼水波，在老人的笑脸上层层荡漾开来，融化在金色的夕光里。

梅溪河（外一首）

谭先红（四川）

一旦开始，那些寂静、圆润、青春，都将随着行走的黎明，化作梅溪河的水，绕过石塘的腰身。

把你放在光照的季节里，等待沉睡的精灵苏醒。

娇嫩的白云，揉碎在蓝天，放眼望去，河水被蔚蓝掏空。

朝夕之时，树叶游走在碧波之上，梅溪河伸出双手，托举起伏的茶香。

两岸青山交织，唯有倒影傲然独处，夕阳斜照，飞动的浪泉与静谧相融，把梅溪河放在心间，生活便多了一份牵挂。

竹海，我看见你的笑容，整个季节都守候在石塘的春风里。

天空沿着你延伸的方向，一次变得安静、和睦。

肉体与灵魂从不同的方向，向上攀登，本该有一场欢迎的仪式，连成万亩竹海。

我开始注意到这个冬天已经很短，短到青翠的竹叶刚刚飘荡，就不敢继续。

如果我忘记了，把生活走成返乡的路，即使压低天堂的云彩，也能用手中的一针一线，绣出竹海漫山的情怀。

群鸭戏水　　杨思雨/摄

大美石塘

王海清（吉林）

石塘在“南徽北苏”的建筑群里发育。

那片万亩竹海，原本是一片漂浮的云，因为爱上了石塘，用翠绿的姿势献媚，不想再被风吹走，也不想卷入风雨，只想在石塘牵住尘世间的氤氲。

一脚踏入石塘，便翻出前世的记忆乡音，如透进关节里的钙，我的魂魄便昭然在一派繁华之中。

最幸福的那枚叶子，举着鸟的声音，一个又一个的向往，在梦境里脱壳，睿智的汗水冲刷掉了贫寒的窘迫。

平静的日子，没有任何负担，夜空是石塘举起的偌大酒杯。如今，小镇已在幸福之中沉醉，千百年，用醇厚精酿的乡情，在田野的清风中，汇成含雨的云层。

那么多笑脸，因为爱你爱得那样深情，灵魂能在尘世有一次彻骨的感光，即便穿透星夜，也要兼程前往。

我应在此寄养一段流水，然后放逐内心的期待，被月光宠爱，存放石塘，在内心中的激动和美。

大 事 记

宋嘉泰年间（1201—1204）

建康府学教授王萃一移居后石塘，布局建设后石塘村。

1939年

6月　后石塘村与藤子墅村5名中共党员成立后石塘、藤子墅党小组，组长甘克松，属横溪党支部领导。

1944年

12月22日　横山县抗日民主政府云台区副区长范仲儒在后石塘遭日军杀害。

1956年

是年　前石塘、后石塘同时成立初级农业生产合作社。

1957年

是年　前石塘并入红旗高级农业生产合作社，后石塘并入红星高级农业生产合作社。

1961年

3月　前石塘（含朱塘、清塘、新生）从红旗大队析出，成立石塘大队。胡正春任党支部书记，陈国保、施孝银先后任大队长。

1970年

是年　横陆路（原名江横路）从境内穿过，石塘村开通外界通道。

是年　后石塘从云台山硫铁矿架电线到村内，开始通电。

1973年

是年　前石塘开始通电。

1977年

是年　横溪合作商业总店在石塘设立代销店。

1980年

2月　甘村大队石东生产队在社会主义建设中成绩优异，受到省政府嘉奖。

1982年

秋　境内全面实行土地包干到户责任制。

1983年

是年　石塘大队管理委员会改为石塘村民委员会，林海任主任。

1984年

是年　石塘村开办陶瓷厂，生产坩埚。

1987年

是年　石塘村停止生产坩埚，改办砂石场。

1989年

是年　前石塘引青草堰水库水为村民饮用水，后石塘引阴山凹水库水为村民饮用水。

2008年

是年　红旗村开始打造石塘竹海风景区。

2009年

5月24日　前石塘旅游示范村开村，市区领导参加开村仪式。

2010年

5月　从汤铜路至石塘竹海，全长4.7公里的旅游大道建成通车。

是年　改水工程结束，全村饮用长江水。

2011年

4月　夜合山农场的雨花茶在南京市茶叶质量评比中获金奖。

7月　石塘村农户家庭厕所实行无害化改造。

9月24日　印度青年代表团参观考察石塘村。

9月　石塘村被中国生态文化协会授予全国生态文化村。

9月　后石塘村更名为石塘人家。

10月28日　江苏省“美好城乡建设行动”启动仪式在石塘举行。

12月　石塘村被农业部、国家旅游局授予全国休闲农业与乡村旅游示范区。

是年　石塘竹海被省旅游局命名为四星级乡村旅游区（点）。

2012年

3月23—25日　全国党建理论和实践创新研讨会代表参观石塘村。

4月27日　石塘人家建成开村。

5月2日　省委副书记石泰峰到石塘考察。

6月9日　石塘人家专业合作社党支部暨大学生村官实践基地揭牌。

6月12日　省人大常委会副主席朱龙生、省政协副主席张九汉考察石塘村。

11月2日　水利部副部长刘宁、省人大常委会副主任林祥国等考察石塘人家。

12月　被农业部授予全国休闲农业创意精品推介活动“创意优秀奖”；被中国最美村镇评选活动组委会授予全国最美村镇奖；被第五届新农村电视艺术节组委会授予全国魅力新农村十佳乡村；石塘村被南京市统计局授予南京市十佳魅力村。

2013年

1月　“魅力南京”“百佳城市”评选揭晓，石塘人家入选“十佳美丽乡村”。

3月　石塘竹海被认定为江苏省四星级乡村旅游区（点）。

3月28日　前石塘、朱塘、新生、清塘4个自然村从红旗社区划出，与甘泉湖社区划出的后石塘自然村合并，组建石塘村。郑涛任石塘村党支部书记，曹露璐、陈根生任副书记。

4月27日　南京市江宁区乡村文化旅游节在石塘人家举行。

5月18日　中央电视台《乡村大世界》栏目组走进石塘村录制节目。

6月22日　“2013中国最美村镇”推选暨“南京最美乡村”评选活动在石塘村举行。

8月　石塘村被省住建厅、省村庄环境整治推进工作领导小组命名为“三星级康居村”。

8月　石塘村被南京市第五届新农村电视艺术节节目组委会授予南京市第五届新农村电视艺术节魅力新农村十佳乡村。

9月15日　在第五届新农村电视艺术节上，石塘村被评为“中国魅力新农村十佳乡村”。

9月22日　石塘村景区通过全国安全社区验收。

9月28日　石塘村创建“江苏省最美乡村”，通过验收。

10月　石塘村被江苏省文明办、旅游办、农委、广电总台授予“江苏最美乡村”。

10月18日　石塘村股份经济合作社成立暨第一次股东代表大会召开。

10月18日　石塘人家农家乐商会成立。

11月16日　石塘村举行第一次村民委员会选举大会，选举潘福林为村委会主任，郑胜平为副主任，易俊、陈雯、汪明国为委员。

11月　农业部授予石塘村全国最美村镇典范奖、宜居奖。

是月　石塘村被住建部列入全国12个“美丽宜居乡村示范”，名列榜首。

是月　石塘村被江宁区评为“美丽乡村示范村”“文明示范村”。

是月　石塘村荣获中国魅力新农村十佳称号。

12月　石塘村被中共江苏省委农村工作领导小组授予江苏省社会主义新农村建设示范村；被南京市精神文明办公室授予南京市“最美乡村”称号；被南京市精神文明办公室授予文明社区最美村；被中共南京市农村工作委员会授予南京市“十佳魅力乡村”。

是年　石塘村被国家旅游局授予中国乡村旅游模范村。

2014年

1月　石塘村被中共江苏省委农村工作领导小组授予江苏省社会主义新农村建设示范村。

2月　石塘村被中共南京市委、南京市政府授予美丽乡村示范村。

2月10日　《人民日报》以《石塘人家似桃园　前徽后苏竹海悠悠》为题，对石塘村生态等多方面给予报道。

3月　石塘村被南京市统计局授予南京市第十九届综合实力百强村。

6月16日　石塘村设立村邮站。南京市村邮站惠民工程启动仪式在石塘村村民服务中心举行。

11月　石塘村被江苏省环保厅授予江苏省生态村。

12月　石塘村被江苏省民政厅授予江苏省和谐社区建设示范社区；被江苏省精神文明建设指导委员会授予江苏省优秀精神文明创建示范单位。

是年　石塘村被评为江苏省和谐社区建设示范村。

2015年

1月　石塘村被中国最美村镇评选活动委员会授予中国最美乡镇贡献奖。

3月19日　省委书记罗志军到石塘人家考察，省市领导黄莉新、樊金龙、徐南平等参加调研。

6月11日　石塘村成立南京市首个村级电商服务中心。

6月12日　江苏电视台城市频道《南京零距离》“欢乐送”栏目组走进石塘村。

8月14日　石塘村获得首批中国乡村旅游模范村称号，列江苏省之首。

9月23—28日　由国家体育总局小球运动管理中心、中国台球协会主办，横溪街道办事处承办的2015江宁·横溪中国青少年斯诺克系列赛“石塘人家杯”南京公开赛，在石塘人家青少年阳光体育营地举办，2016年9月再次举办。

9月　国家旅游局公布石塘村为“中国乡村旅游模范村”。

12月　石塘村被江苏省精神文明办公室授予江苏省和谐示范社区；被南京市统计局授予南京市第十二届（2014年度）郊区综合实力百强村。

2016年

1月　石塘村被南京市精神文明指导委员会授予南京市文明村（2013—2015年度）。

1月9日　石塘村组织50名村民参加录制江苏电视台城市频道《周末好运到》节目。

1月27日　由中国农业电影电视协会、中央电视台第七频道、南京楚汉文化传媒有限公司联合在石塘村拍摄的微电影《知竹·等爱》正式上线，入选国家旅游局主办的“文明旅游看中国”公益微电影原创作品佳片。

3月9日　江苏省环保厅命名石塘村为江苏省生态村。

9月　石塘村被江苏省精神文明指导委员会授予江苏省文明村。

9月24日　中共石塘村总支委员会换届选举出新一届总支委员会，郑涛任总支书记，束珊珊、何志远任副书记。

10月9日　《人民日报》刊登新闻报道《石塘村咋做休闲文章？》。

10月23—25日　互联网会议中心落成，由江苏省经济与信息化委员会主办的第二届“i创杯”互联网创新创业大赛总决赛在此举办。

11月6日　石塘村召开第二次村民委员会换届选举大会，选举潘福林为村委会主任，郑胜平、程浩为副主任，陈雯、易俊为委员。

2017年

4月　石塘人家被江苏省旅游局命名为“江苏省五星级乡村旅游区”。

5月8日　中央电视台第四频道《走遍中国》节目播出石塘专辑——《山乡筑梦》。

9月25日　第三届“i创杯”互联网创新创业大赛总决赛在石塘互联网会议中心举办。

12月　S340省道境内路段（南至老坝口，北至青草堰）建成通车。

是年　石塘村被江苏省星级旅游区评选委员会授予江苏省五星级乡村旅游区。

2018年

3月12日　全国人大常委会原副委员长、中国关心下一代工作委员会主任顾秀莲视察江宁区青少年社会实践基地（阳光体育营地）。

7月　中国国家博物馆“复兴之路”展新时代部分，石塘村作为全国565个美丽宜居村庄示范建设唯一代表，以村景图形式入展。

9月28日　第四届“i创杯”互联网创新创业大赛总决赛暨颁奖典礼在石塘互联网会议中心举办。

12月　石塘村被江苏省文化和旅游厅授予江苏省旅游百佳单位。

2019年

6月22日　石塘村开展百人瑜伽活动。

9月19—21日　第五届“i创杯”互联网创新创业大赛总决赛在石塘互联网会议中心举办。

10月3—4日　石塘村开展农民丰收节活动。

12月　石塘村被江苏省生态环境厅授予江苏省生态文明建设示范村。

编后记

2013年，石塘村组建，着力打造南京都市生态休闲农业示范村。石塘村各项工作成效突出，完成美丽乡村建设，发展生态休闲旅游产业，获评“中国魅力新农村十佳乡村”“中国乡村旅游模范村”。为更好地宣传介绍石塘村，编纂一部全面反映历史文化、政治经济、新村建设及村民生活的村志显得十分迫切。2016年，省地方志办公室全面启动江苏名镇名村志编纂工作。2017年3月，石塘村遵照要求，编纂《石塘村志》。2018年3月，《石塘村志》申报并入选江苏省名村志。

2018年5月，在省、市、区地方志办公室指导下，在横溪街道党工委、办事处及中共石塘总支委员会、石塘村民委员会领导下，成立《石塘村志》编纂委员会，组建由虞长来同志负责，程明、潘全金、濮世保、丁邦兴、王学琴、王禄宝为工作人员的编写小组。

工作人员克服村级资料零散、缺失严重等困难，不辞辛苦，多方搜集，慎加甄录。多次赴村采访老干部、老教师、老村民，进行田野调查，做笔录，拍图片，录视频。2018年12月，完成初稿。后严格按照省名村志编纂要求进行修改，2019年4月，形成送审稿。《石塘村志》送审稿11篇40节，约20万字，100余幅图片。

2021年3月，编纂委员会派员参加省地方志办公室开办的“江苏名镇名村志培训班”，接受专家辅导，学习《全媒体名镇名村志培训手册》。

南京市地方志办公室组织南京市溧水区地方志办公室刘迎春、常州市地方志办公室杜仁彬、扬州市地方志办公室刘扣林三位专家对《石塘村志》进行终审，形成书面修改意见。

工作人员根据《全媒体名镇名村志》新要求，认真领会专家修改意见，多次赴村完善资料，核对数据。安排专人去图书馆查阅文献，挖掘村庄历史文化。实地探访遗址遗存，访问年高见识广的村民，了解村庄民情民俗，并指定专人统稿。

《石塘村志》的编纂，得到省、市、区地方志办公室领导的指示，得到专家学者的指点，得到中共石塘村总支委员会、石塘村村民委员会，尤其是束珊珊同志的具体支持。王禄保同志登山涉水，冒寒暑，拍摄了大量图片。

村民程学华、汪传道、胡茂俊、程学保、王允和、王宜生、王允明、汪令平、王允华、王允常、居金玉积极配合工作人员，提供珍贵资料，在此一并致谢。

编者学识水平有限，仓促成书，疏漏、错误之处，敬请专家和广大读者批评指正！

编　者

2023年6月